博碩文化

博碩文化

ICC LAB

博碩文化

數位神探

現代福爾摩斯的科技辦案 **10個犯罪現場偵蒐事件簿**

王旭正、吳欣儒、張淯閎 著

數位神探

現代福爾摩斯的科技辦案

10 個犯罪現場偵蒐事件簿

作　　者：王旭正、吳欣儒、張淯閎
插畫設計：蘇莉婷
責任編輯：艾凡斯

發 行 人：詹亢戎
董 事 長：蔡金崑
顧　　問：鍾英明
總 經 理：古成泉

出　　版：博碩文化股份有限公司
地　　址：221 新北市汐止區新台五路一段112號10樓A棟
　　　　　電話(02) 2696-2869 傳真(02) 2696-2867

郵撥帳號：17484299　戶名：博碩文化股份有限公司
博碩網站：http://www.drmaster.com.tw
讀者服務信箱：DrService@drmaster.com.tw
讀者服務專線：(02) 2696-2869 分機 216、238
（周一至周五 09:30 ～ 12:00；13:30 ～ 17:00）

版　　次：2016 年 08 月初版

建議零售價：新台幣 320 元
I S B N：978-986-434-130-6
律師顧問：鳴權法律事務所 陳曉鳴律師

本書如有破損或裝訂錯誤，請寄回本公司更換

國家圖書館出版品預行編目資料

現代福爾摩斯的科技辦案：10 個犯罪現場
偵蒐事件簿 / 王旭正、吳欣儒、張淯閎著.
-- 初版 -- 新北市：博碩文化，2016.08

面；　公分

ISBN 978-986-434-130-6（平裝）

1. 刑事偵察 2. 鑑識 3. 通俗作品

548.6　　　　　　　　　　105011426

Printed in Taiwan

博碩粉絲團

歡迎團體訂購，另有優惠，請洽服務專線
(02) 2696-2869 分機 216、238

商標聲明

有限擔保責任聲明

著作權聲明

推薦序

　　資訊科技與網路的迅速發展，讓我們感受到生活與工作上的便利，但是有些犯罪者卻也運用網路與資訊科技來升級他們的犯罪模式。從早期的病毒、入侵、竊取或竄改資料、金融犯罪、網路詐欺、網路恐嚇、網路毀謗，到最近的勒索軟體，犯罪模式多元多變，因此偵辦這些新型態的犯罪案件也必須備妥新的知識與技術。

　　王旭正教授是專研資訊安全與數位鑑識的國際知名學者，曾經擔任中華民國資訊安全學會副理事長，積極推動各項相關之學術研究與產官學合作且成果豐碩，對於資訊安全教育的推廣，王教授更是非常用心。本書「數位神探」是王教授作者團隊的最新代表作，用 10 個犯罪現場的偵蒐事件來介紹數位鑑識科技辦案的知識、流程、與生活的互動，內容豐富讀起來卻輕鬆流暢，就像福爾摩斯的一系列偵探小說一樣，節奏引人入勝，甚至欲罷不能。

　　我覺得這本書「數位神探」可以推薦給許多不同類型的人，包括那些有心想要投入數位鑑識研究領域，想成為數位偵探的新鮮人，或是那些使用手機、無線網路、社交通訊軟體 - 例如 LINE，想要知道如何保護自己的現代公民。

張仁俊　國立台北大學圖書館 館長

國立台北大學資訊工程學系 教授

作者序

　　本書 - 數位神探 - 現代福爾摩斯的科技辦案：10 個犯罪現場偵蒐事件簿 -。在本書中，以一名對數位鑑識毫無概念的上班族遇到數位鑑識專家後，逐漸瞭解數位鑑識並學習如何操作的故事讓讀者隨著主角一起進入數位鑑識的世界。本書分成十個章節，從最基本的數位鑑識概念開始，介紹電腦 / 手機 (iOS)/ 記憶體 /Wi-Fi 等鑑識方法，並介紹較新穎的軟體如 LINE/QR-Code/FACEBOOK 鑑識方法，除此之外亦融入密碼學與反鑑識的概念及操作，讓讀者可以全面性的瞭解數位鑑識。

　　在第一章「**現代福爾摩斯**」中，說明數位鑑識的基礎原理與發展。並以故事中主角遇到的難題介紹電腦數位鑑識的操作流程與鑑識方法，讓讀者可以跟著故事中一步一步的瞭解何謂數位鑑識以及如何進行數位鑑識。由於數位鑑識的目標非常廣泛，且科技日新月異，各種 3C 裝置及技術如雨後春筍般產生，因此在第二章至第四章分別令讀者瞭解「手機、記憶體、Wi-Fi」的鑑識方法與程序。

　　第二部分裡 ，第六章至第八章分別談論近年來一般人較常使用的軟體及技術，如通訊軟體 LINE、社群網站 FACEBOOK 以及 QR-Code，讓讀者可以瞭解日常生活中所使用的軟體及技術也可以進行數位鑑識，並且得知這些軟體與技術分別藏有哪些訊息。藉由相關範例說明，讓讀者發現數位鑑識是非常有趣的一項必備常識，並藉此來拉近我們生活上的實務操作，使讀者能確實融入數位鑑識世界。

　　第三部分第五章、第九章及第十章將密碼學融入數位鑑識中，密碼學用於數位鑑識其實就是一種反鑑識的手法，讓讀者不僅透過本書瞭解數位鑑識外，也瞭解反鑑識，並從中發現密碼學與資訊隱藏的奧秘，讀者可利用本部分所介紹的密碼學與資訊隱藏的概念。讀者可以輕鬆的操作本書所介紹免費工具軟體，讓你進行簡單的數位鑑識，資訊隱藏並從中瞭解數位鑑識的樂趣。

　　每個人的看法或同或不同，都有賴每個人對事物所具備知識與想法而定。這本書提供了一個有關數位鑑識的廣泛介紹。此次，能有機會在SECFORENSICS&ICCL 實驗室 (http://www.secforensics.org/) 裡在吾師王旭正教授的指導與討論之下，能夠將所知、所學化為文字，成為篇章，並以故事的方式帶讀者進入數位鑑識的領域，並於數位鑑識的推廣工作上，略盡棉力，在此對吾師致上衷心的感謝。然而在文章的編撰與校稿過程中，難免會有些遺漏與疏失，望請各位先進與前輩能不吝指出須改善的地方。

　　本書章節的編撰，是來自中央警察大學**情資安全與鑑識科學實驗室** (SECFORENSICS&ICCL) 之所有成員腦力激盪的成果彙集。在群策群力、積極規劃與共同合作下終得呈現給讀者，其中特別感謝與故事人物有關的鐘敏如、張雅婷、柯博淞、陳家儂、郭彤安、陳彥霖、蔣又穎、吳宗樺、陳宥丞、黃正達的熱情串演，使得本書得以融入生活中可能發

生的點滴，也深刻反應科技帶給人們便利生活之餘所造成的另類衝擊。
本書的編輯過程為能與生活 - 科技結合，至最後完稿已醞釀與討論多
年，今得以順利出版，藉此對出版編輯＆主管決策長官等支持與我的研
究群所有人員的努力／演出表達深摯的感謝。

Forensic Research & development
task force Group

SECFORENSICS&ICCL
情資安全與鑑識科學實驗室
http://www.secforensics.org/
王旭正、吳欣儒、張淯閎 謹識
JULY 2016

目錄

推薦序　　　　　　　　　　　　iii

作者序　　　　　　　　　　　　iv

重要人物介紹　　　　　　　　　viii

第一章　現代福爾摩斯　　　001

第二章　iOS 愛與恨　　　023

第三章　看不見的無線線索　　047

第四章　永不磨滅的記憶深處　063

第五章　旅行的意義　　　079

第六章　亂碼裡的玄奇　　　099

第七章　LINE 的誘惑　　　117

第八章　數位身分證　　　131

第九章　反鑑識的逆襲　　　149

第十章　影像中的數字奧秘　165

重要人物介紹

秋風：
故事主角，數位偵探。熟悉資訊安全、數位鑑識、數位密碼。有著福爾摩斯般的敏銳、好奇與特質。與柯小齊、小傑結合興趣與工作一同創立數位徵信社。

小傑：
秋風的創業夥伴，個性開朗、淘氣。專精於QR-Code 及雲端鑑識。

柯小齊：
秋風的創業夥伴，專精於 iDevice 設備的鑑識技術。個性老實勤奮，專長為手機鑑識及iDevice 鑑識。

凱斯：

秋風的好友，一名大學畢業新鮮人，亦為一名公司的工程師。

因秋風幫助而進入數位鑑識的世界，紀錄下秋風各個案件的故事。

KUSO：

凱斯的好友，因打球而熟悉，也為資訊科系畢業。

因聽聞凱斯提及數位鑑識而產生興趣，因此常常跟凱斯到數位徵信社串門子，並適時提出自己的有趣的想法。

小印：

凱斯公司同部門的新同事，個性冷漠，不太與人交際，是很神秘的一號人物。

第一章

現代福爾摩斯

西元1995年，愛普生公司電腦系統遭駭客入侵！
西元1998年，黃姓軍醫入侵國內各ISP，系統資料全毀！
西元2002年，電腦工程師，扮「駭客」入侵他人電腦主機。

．
．
．

西元2011年，智慧型手機成為電腦犯罪新寶山，APP詐欺興起。
西元2013年，網路犯罪企業化，全民皆應小心防範。

秋天，臺灣北部已經開始吹起寒風，一個哀傷的季節，對於凱斯而言這個季節也正值多事之秋。今年才剛從大學畢業的凱斯，歷經多次面試失敗，好不容易在十月錄取成為一家公司的資訊管理人員，原本期待大展身手，好好的將大學所學發揮於工作上，卻發現自己所學與工作所需的知識還相差了一大截。正在慶幸還可以向同部門的兩個前輩好好學習工作經驗時，兩個前輩皆為了更好的薪資而跳槽到別的公司，整個部門只剩下對於資訊中心網站伺服器完全不熟悉的凱斯以及和凱斯一起進公司的另一個新人。

「唉，甚麼都還不熟悉，前輩就跳槽了，不會的只能請教 Google 大神了。」凱斯一邊維護資訊中心網站伺服器一邊自言自語的抱怨。

在每週一次的週會結束後，彷彿被衰神纏身的凱斯，還不知道倒楣的事情又發生了，原來資訊中心的網站不知道甚麼時候發生了遭到其他人入侵以及竄改重要資料。

「凱斯，公司網頁的背景圖片都被換成一隻貓的照片了，是怎麼回事？」凱斯的主管生氣的吼著。

「貓？我並沒有做任何更動啊！我馬上看看！主管，麻煩給我一點時間。」凱斯安撫著主管並且迅速進入機房查看伺服器的情形。

一邊操作著感到陌生的系統伺服器一邊想著為什麼背景圖片會突然變成一隻貓的照片的凱斯，雖然有點不知所措，但是想起主管生氣的臉，也只能硬著頭皮找尋問題所在。花了一些時間，凱斯發現伺服器中

的一些背景圖片的檔案已經被刪除並且被置換為貓的照片導致網站資料出錯，查詢了一下網站的備份資料，卻沒想到公司所謂的定期備份紀錄，都是前輩們的簽到紀錄，應該執行的備份工作卻都沒落實執行。

「唉！無緣無故背景圖片被換掉，主管一定會認為我在亂搞，難道我的第一份工作連試用期都還沒過就要結束了嗎？」下班後的凱斯坐在公園內的石椅上煩惱著。

「這不是凱斯嗎？那麼久沒見面怎麼一臉煩惱的樣子。」一名男子突然坐在凱斯身邊問道。

「咦！你不是秋風學長嗎？從你畢業後到現在好久不見了呢！」

凱斯雖然被男子突如其來的搭話嚇到，但也馬上認出來男子是自己大一入學時，系上的大四學長─秋風。

「是啊！大學畢業後我繼續念研究所，去年畢業後就回來家鄉，平常都會固定在這公園裡慢跑，沒想到今天讓我遇到熟人呢！剛剛聽到你自言自語的說著工作，工作不順利嗎？」

凱斯本來就一肚子苦水，又遇到昔日在學校非常照顧自己的學長，於是就將心中苦悶一股腦的說出。從出社會開始找工作的種種困難，進入公司後遇上前輩離職，到現在要一個人處理網站的問題卻毫無頭緒的煩惱。

「聽你所述，你沒有去更改到伺服器內的檔案，檔案卻憑空消失，看來可能有人入侵了你們的伺服器或者有人利用伺服器做了一些更動。」

「有人入侵也好，我操作不當也好，我只知道要是這幾天再不把原本的背景圖案檔案救回來並且報告網站出錯的原因的話，可能到試用期滿就要跟我人生的第一份工作說再見了。」凱斯沮喪的說道。

「凡事不要那麼悲觀，再複雜的鎖也都有鑰匙可以解開，所以再困難的問題只要努力總是有辦法可以解決的。」秋風鼓勵著凱斯。

「我只能試著到處搜尋可以解決的辦法了，畢竟連一份備份檔都不存在。」

「凱斯加油啊！如果問題還是沒有解決的話我說不定可以幫你，這是我的名片。」

「『Eagle Eyes 數位徵信社－數位偵探－秋風』，你現在在徵信社上班嗎？偵探我知道，但是『數位偵探』和一般的偵探有什麼不同呢？」凱斯唸著名片上的字並且一臉疑惑著問道。

「因為我從大學就自修一些數位鑑識相關的知識，並且在就讀研究所時，也專門研究數位鑑識這個領域，課暇之餘還在一般的徵信社中實習。目前自己處理過幾個案件後，想要跟幾個跟我學習的助手們一起創業，開設一間單純針對數位資訊事件的徵信社。這是我先印的名片，改

天開張了再請你多多指教囉！你剛剛所問的數位偵探的工作，就是專門從數位資訊中找出線索的偵探。所以你如果仍然解決不了問題的話，再聯絡我吧！」秋風得意的說著。

隔天，原本暫時設定為空白的背景圖案又被更改為貓的照片，凱斯仍然無法知道是誰在進行破壞，為了保住工作，必須早日讓公司網站恢復正常運作，凱斯不得已撥了名片上的電話聯絡學長秋風來幫忙解決問題。秋風接到電話後，表示當天有空可以幫忙解決問題，於是兩人便相約在凱斯的公司碰面。

「在你幫忙我之前，我還是很好奇到底甚麼是數位偵探，你會怎麼幫助我呢？」凱斯帶著疑惑的眼神看著秋風。

「很高興你對我的工作有興趣，我想跟你解釋清楚後你也會比較安心，在向你解釋什麼是數位偵探前，想先問問你知道甚麼是『數位鑑識』嗎？」秋風帶著笑容問著凱斯。

「數位鑑識…，我只知道美國電視影集 CSI 裡面的鑑識人員，但他們都是在犯罪現場針對血跡、指紋之類的證物進行鑑識，數位資訊也可以進行鑑識嗎？」

「數位資訊當然可以進行鑑識，在解決你的問題之前，我先跟你講解一下甚麼叫做『數位鑑識』吧！首先，數位鑑識發展的趨勢來自於傳統犯罪隨著當代資訊科技與網路的發達，產生許多種新興型態的資訊犯罪模式。犯罪者藉由資訊科技與網路將犯罪領域延伸，也因此傳統的調

查方式已經不足以蒐集存留在資訊設備與網路中的線索，再加上網路具有隱匿的特性，已逐漸成為治安的死角。因此，唯有藉助更專門的電腦犯罪調查方法才能有效地進行相關的數位證據蒐集與調查。」秋風頗有自信地說著。

「所以數位鑑識可以幫助調查資訊方面的犯罪囉？」凱斯越聽越有興趣，帶著好奇的表情問道。

「沒錯，一開始數位鑑識取得的證據並不被重視，因為它具有三個特性，這三個特性分別就是：數位證據容易複製與修改、不易證實其原始來源及完整性、以及數位證據的內容無法直接被感知及理解。直到『ACPO 國際電腦證據組織』於 1999 年提出的『The Good Practice Guide for Computer-Based Evidence』電腦證據指導原則，才能讓數位證據在法庭上具有其法定效力。」

「原來資訊領域的知識世界如此遼闊，我還以為大學畢業就可以窺見全貌，但是聽見你介紹如何將資訊觀念技巧運用於犯罪的調查中，著實令我大開眼界。」凱斯對於自己所就讀的科系方向能與喜愛看的 CSI 影集有所連結感到十分開心，對著秋風興奮地說著。

「我想不管是哪一個科系的知識領域都是非常豐富的，曾經我也跟你有相同的想法，認為從大學畢業所學的知識已足夠，直到偶然間看到一篇校刊中的文章寫著：『大學畢業生覺得自己甚麼都懂了；碩士班畢業生覺得要學的似乎越來越多；博士班畢業學生發現自己懂得太少了。』這段話完全是我從研究所畢業取得學位後的最佳寫照，其實大學

只是培養你在這個科系的基礎能力，畢業後，才是真正挑戰的開始，只有透過不斷的學習汲取知識，才能不斷加強自己的競爭力。」秋風以自身的經驗勉勵著凱斯。

「這就是所謂的『聽君一席話，勝讀十年書』嗎？我感覺有源源不絕學習的欲望不斷的湧出，你可以詳細告訴我數位鑑識是如何進行的呢？」凱斯聽完秋風的話後，變得像個好學的小孩。

「數位鑑識如何運作只用三言兩語描述你可能無法清楚瞭解，我這裡有一台 iPad2，裡面儲存著豐富的數位鑑識知識以及我親身處理過的一些案例，特別是案件編號："20110612a12" 清楚描述著數位鑑識的標準作業流程，是跨入數位鑑識領域的入門知識，你可以先讀讀看！」

秋風一邊說一邊從公事包中取出一台 "iPad2"，而這台 "iPad2" 正是秋風近年來處理各種案件時的好伙伴，裡頭清楚將過去學習到的數位鑑識的知識以及各種案子的處理經驗分門別類的記錄下來，可說是想成為一位數位偵探的獨門秘笈。從秋風手中接下 "iPad2" 的凱斯迫不及待的搜尋著編號："20110612a12" 的檔案，打開該檔案後，呈現的是密密麻麻詳實的數位鑑識案件處理紀錄。

日期：2011.06.12　　　　　　　　**案件編號**：20110612a12

案件類別：現場蒐證

案情摘要：Ａ企業資安部門主管懷疑其中員工涉嫌洩露公司商業機密，於今日委託徵信社共同進入該名員工辦公室進行數位鑑識工作，蒐集相關的數位證據，準備未來可能進入司法訴訟之證據。

執行過程：由於數位證據容易複製與修改，且為使員工無從抵賴，本日蒐證作為更需小心謹慎，避免脆弱之數位證據因人為不當取證因素，而喪失證據能力及減弱證明力成效。此外，本次案件採取攝影及文字記錄同步進行，以此份文件記錄蒐證過程。蒐證工作於進入辦公室為起始，分別進行以下四個步驟：

（一）**事件辨別**：此次案件為員工疑似洩漏公司機密，因此，進入辦公室後，助手柯小齊在一旁攝影並紀錄現場所有電腦狀態、有無相關文件。經觀察發現現場有一台電腦呈現開啟且已登入狀態，我們立即採取現場電腦鑑識工作並保存與公司機密相關的紙本文件。

（二）**證據保存**：電腦中的揮發性記憶體為脆弱的數位證據，因此，立即進行獲取以及保存的工作是此項步驟的重點工作。由於現場電腦呈現開啟狀態，因此，我決定立即採用記憶體鑑識來快速傾印記憶體內容，並對硬碟資料進行備份。接著將相關證據，如：隨身碟、光碟等儲存媒體放入證據保存袋中封存，以確保證物日後在法庭上的證據力及證明力。於此同時，助手柯小齊在一旁清楚攝影及記錄整個採證的過程。

（三）**證據檢驗及分析**：結束現場蒐證後，相關證據一併帶回數位鑑識實驗室將證物作分類、比對及個化，並嘗試與該員工洩密行為進行連結，以證實犯罪行為的發生。根據分析的結果，該名員工的電腦硬碟中確實存有公司認定為機密文件的掃瞄檔案，並且從電子郵件軟體 Outlook 中的寄件備份發現此部電腦有將檔案寄送至公司外部信箱的紀錄。

（四）**證據呈現**：由於數位證據是抽象的，為了增進檢察官、法官等司法人員對電腦鑑識過程的了解。我們特地將蒐證、保存及分析數位證據的過程製作一份完整的案件報告，並採用邏輯性的方法說明在蒐證的過程中證物沒有遭到改變，以確保證物的證據力。

執行成效：透過完整的蒐證步驟，我們成功地還原數位現場，取得相關數位證據，以提供 A 企業對於該名不法員工提起刑事訴訟或民事求償之用，並確認洩漏的機密文件的範圍，供 A 企業評估自身損失之用。

案件檢討：此一案件成功之關鍵因素在於蒐證過程全程詳實的記錄，為複製此一成功經驗，確保往後遵行原則，將建立未來偵辦案件依循之數位鑑識的標準作業流程如下：

事件辨別 ▶ 保存證據 ▶ 檢驗證據 ▶ 案件分析與陳述 ▶ 呈現結果

「真是太有趣了！所謂的數位偵探應該就是靠著數位鑑識的瞭解以及對於數位資訊的知識去追尋藏在數位資訊中的線索並獲得證據的人吧！看完學長親身經歷的案件描述，我也躍躍欲試想成為一位數位偵探了呢！」凱斯興奮地說著。

「成為一個數位偵探必須具備廣泛的數位資訊知識，這樣才能面對各式各樣的數位難題，眼下最重要的工作是先解決你目前面臨的問題，如果之後你有閒暇的時間，歡迎到我的數位徵信社學習。我還有幾位夥伴，他們都各自有專長的領域，你可以來見習，和他們一起切磋交流。」秋風對於昔日學弟如此讚賞自己的職業感到開心。

「本來還擔心會打擾學長的工作，沒想到學長這麼熱情地邀請我到數位徵信社，我一定會再找時間親自到徵信社一趟，剛好這次學長願意協助我解決網站的問題，我會好好把握這個千載難逢觀摩學習的機會。」

「那麼接下來我們就開始瞭解你所面對的問題吧，簡單來說你的問題就是發現伺服器檔案遭到破壞或更動，而且不知道更動檔案的外部的惡意攻擊者或者內部的同事吧！」

「是啊！而且我也找不回原本的背景圖片，目前被授權可以更動伺服器檔案的只有我跟另一個新人，而平常我是負責網站的管理工作，所以我想主管可能會認為是我亂搞吧！」凱斯沮喪地說著。

「別灰心，得一次教訓學一次乖，我們一起從頭開始一步步找出問

題的根源，再尋求解決方法，你也可以從中獲取一些寶貴的經驗。」秋風拍著凱斯的背安慰著他。

「那接下來就麻煩學長了，我會努力學習的。」

「首先，我們應該對電腦中儲存的資料建立一個基本的概念，就是所有儲存的資料都是容易喪失的，而且隨著時間的增加，這些資料做為數位證據的可信度就越來越低。因此，我們將數位證據分為兩類，一種是短時間內不可能恢復只存在極短的時間的訊息，像是在記憶體中的資訊。另一種是一些可以維持很持久，且很難以改變的訊息，像是在硬碟檔案系統中的資訊。」

「這個我知道，記憶體內的資料都稱作揮發性資料，關機以後就會消失，對吧？」凱斯說出大學課程裡計算機概論學到的知識。

「沒錯，當我們要蒐集證據時，就要按照數位證據的揮發性，越容易改變的訊息，就必須先蒐集，這是由於證據之間存在著一種特性，在較頂層，意即揮發性較高的證據中如果沒有被蒐集到，在下一層的證據中還是有可能被找到的，但是如果我們對較下面層的證據先做蒐集的動作，可能就會破壞到上層訊息。」秋風一邊解釋著，一邊操作著伺服器主控台電腦。

「接下來我會利用 "Helix" 這一套數位鑑識軟體試著將伺服器中被刪除的檔案復原，以及查看是否有一些關於誰更動電腦的線索。」秋風細心地向凱斯解釋每一步流程。

　　「"Helix"是由 e-fence 公司所整合的一套數位鑑識工具包，它包含許多數位鑑識的相關應用程式，可以在 UNIX 與 WINDOWS 系統執行，還擁有 Live-CD 的模式，可以讓電腦直接透過此光碟開機，如此可以在不更動到電腦資料的情況下進行數位鑑識，我現在教你如何取得以及使用這個軟體。」

　　凱斯當然不會錯過這個難得的學習機會，點點頭示意秋風繼續接下來的流程，兩眼則專注盯著電腦螢幕。

　　「首先呢，進入 e-fence 的網站，點選 "store" 選項，然後選擇 "Helix"下載。」秋風一邊操作一邊解說。

點選紅框的選項檢視有哪些產品

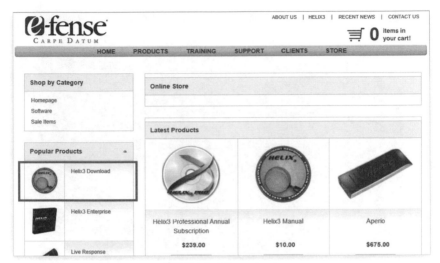

點選 Helix3 Download

「要下載前必須註冊成為會員,而下載完的檔案是個映像檔,我們可以將其直接燒錄成光碟使用。」

「那麼"Helix"這套軟體該如何使用呢?」凱斯接著問道。

「我馬上操作給你看,首先,"Helix"的主要介面共有六種功能可以選擇使用,而每一種功能旁邊都附有白色的文字說明該功能適用的範圍,依你的程度應該可以很輕易瞭解的。」

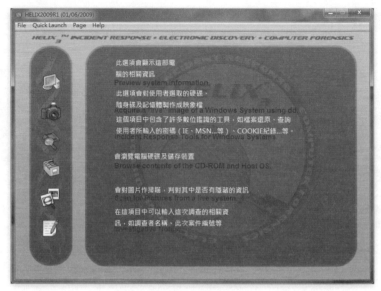

Helix 主介面

「聽完學長剛剛的介紹加上軟體介面上的說明，我想對於
"Helix"的操作似乎有點初步的認識了。」凱斯花了點時間，讀完了
說明文字後表示道。

「那麼現在我們就正式進入數位鑑識的領域，開始分析此次的資訊
案件。在利用 "Helix"之前，其實有些線索可以從檔案來源的內容找
尋，我們就先從首頁被置換成貓的圖片檔案來分析，看看有沒有線索
吧！」

秋風俐落地移動著滑鼠，並且在貓的圖片檔上按下滑鼠右鍵，只見
螢幕上顯示著圖片檔的檔案來源資訊。

```
來源 ─────────────────────
作者          John-Asus
拍攝日期
程式名稱
取得的日期
版權所有
```

圖片檔案內容

「在檔案的來源資訊中，我們可以取得該檔案的作者、時間、建立時間…等屬性，這是一個非常簡單地獲取檔案相關資訊的方法。」秋風指著螢幕上的檔案內容畫面說道。

「"John-Asus"？跟我一起進來的新人剛好叫做 John，而且使用的筆記型電腦廠牌也正好是 "Asus"，加上他有時候也會透過伺服器更新一些網站的資料，該不會是他吧…。」凱斯看著螢幕上顯示的檔案作者名稱，不禁想起名稱所描述的與另一位新人個人資訊的種種巧合。

「還記得剛剛在 "iPad2" 裡的案件紀錄有提到的數位鑑識標準作業流程嗎？接下來我們就試著按照流程進行，搭配可運用的數位鑑識與證據調查的技巧，讓你感受一下數位鑑識作業實際運作的情形。」

「看完剛才的案件紀錄，我還在疑惑著到底所謂的數位鑑識標準作業流程該如何進行，沒想到馬上有機會實際參與，真是太好了！」凱斯興奮地說道。

「首先，第一步就是『事件辨別』，你剛才提到公司裡另一個新人

與這個檔案內容顯示的作者名稱可能具有相關性，而且他也曾經操作過
伺服器。因此，我們推斷將網頁背景圖片置換成貓的圖片最有可能的嫌
疑犯就是他，但我們並未掌握確切的證據可以證明這個推測，讓他無從
抵賴，目前我們不宜打草驚蛇，應該再蒐集更多的證據。」秋風十分有
條理地解釋著數位鑑識流程的運作重點。

「那接下來我們該如何取得更多的證據證明他到底是不是嫌疑犯
呢？」

「我們可以先從調閱事發當天的監視器畫面開始著手，查看有多少
人接觸過伺服器，若接觸過伺服器的只有你跟他的話，那麼就可以確定
他是最大的嫌疑犯，這時你就可以直接當面質問他，如果他否認犯行的
話，我還有更進一步的方法可以取得讓他百口莫辯的證據，你先去申請
調閱監視器畫面吧！」秋風為了查明真相提議先從監視器畫面著手。

在取得主管同意後，凱斯和秋風前往中控室向警衛調閱了監視器畫
面，檢視監視器畫面，發現事發當天確實只有凱斯以及 John 操作過伺
服器，為了證實先前的推測，凱斯鼓起勇氣走向 John 的位置，打算好
好問個清楚。

「John，你知道網站背景圖片被更改的事情嗎？」凱斯詢問著
John。

「知道啊！我還在想說怎麼網站背景被換了到現在還沒修復，是不
是你操作不慎造成的，主管看來相當生氣耶，你找出原因了嗎？」John
若無其事地回答著凱斯。

　　「我可以發誓那張背景圖片並不是我改的，但是根據監視畫面顯示當天只有我跟你操作過伺服器，雖然這也有可能是透過外部網路進行的攻擊，但是爲了證明公司沒有內鬼，我想確認這件事是不是你做的。」凱斯冷靜地回答 John。

　　「你有什麼證據說是我做的，我壓根沒看過什麼貓的圖片，你想怎麼檢查隨便你，我的電腦借你看都沒問題！」John 突然情緒激動的吼著。

　　「不要那麼激動，我也沒說一定是你做的，不過既然你願意接受檢查作確認，那麼我向你介紹一下，這位是秋風，是我請來協助解決伺服器問題的資訊專家，請讓他檢視你隨身的筆記型電腦，你可以在旁邊監看證明我們沒有亂動手腳。如果檢視完你的電腦沒有任何證據可以證明你和案件有關的話，我願意爲我懷疑你的行爲道歉，並且向主管承認這次的案件是因爲我的疏失而引起的。」凱斯安撫著 John 的情緒。

　　「你好，我是數位偵探 - 秋風，這次接受委託來幫忙查明公司網頁被置換的原因，我會使用一些技巧來檢視你電腦中儲存的資料，但你可以放心，這些處理 方式並不會更動你電腦中資料的狀態，如果你同意，那我就開始進行了。」

　　爲了減低 John 的戒心，秋風並未提及和凱斯的關係及鑑識的想法，並再次試探 John 是否可以看看使用電腦的狀態。

　　「想怎麼檢查都可以，反正我可以確定電腦裡面沒有什麼貓的圖

片。」John 顯的不滿但有自信的說著。

得到 John 的應允，秋風拿出先前所準備的 "Helix" 數位鑑識工具包，開始對 John 的電腦進行數位鑑識標準流程的第二步 -「證據保存」。

「為了不影響電腦原始的狀態，並且證明我並未對電腦做任何手腳，我先針對電腦硬碟以及隨身碟製作一份映像檔，而所謂的映像檔就像是對硬碟進行拍照所產生的複本，製作好映像檔之後，才可以進行下一個階段的作業。」秋風一邊操作著 "Helix" 一邊解說著。

「映像檔製作好了，下一步是要檢查是否有那張圖片存在他的電腦裡嗎？」凱斯擔心冤枉自己同事緊張地問道。

「我們可以利用工具包中關鍵字搜尋的功能，嘗試從硬碟以及隨身碟的映像檔中，找尋是否有著相關寵物照片名稱的檔案。」

秋風繼續操作著工具包的搜尋功能，但搜尋結果顯示並沒有在映像檔中找到相關的圖片，凱斯顯得有些沮喪，但是秋風提醒凱斯檔案可能已經被刪除了。

「如果檔案被刪除了，那麼不就死無對證了嗎？」凱斯失望地問道。

「別擔心，這點狀況還難不倒我這個專業的數位偵探。」秋風自信

地說道。

　　語畢，秋風開啓"Helix"工具包中 "AccessData FTK Image"
的程式，該程式可以檢視並還原映像檔中被刪除的檔案紀錄，這時秋風
發現某個刪除的資料夾中存有一些圖片檔案，只見一旁的 John 像是有
什麼秘密被揭開了一般，臉色越來越蒼白。

　　「你們看看這些被刪除的資料夾中，有些圖片的檔名似乎跟伺服器
中貓的圖片檔名是一樣的，而且圖片似乎也是同一張。」秋風將分析完
結果的畫面呈現給凱斯與 John 看。

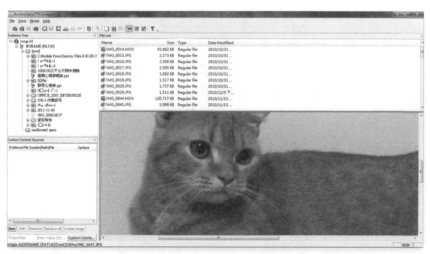

在隨身碟的映象檔中找到了被刪除掉的照片

　　「沒錯，就是同一張圖片，連檔名都一樣，John 你還要否認你最
有嫌疑嗎？請你解釋清楚爲什麼要這樣做？」凱斯沒想到竟然是被同事

擺了一道，生氣的問道。

「我…我…對不起！我只是想說如果讓你出包，給主管留下壞印象，到時候試用期一過，主管讓我留下的機率就會變高，可以拜託你不要跟主管說嗎？」John像是個做錯事被發現的小孩，緊張的全身發抖。

「我會據實向主管報告網頁出錯的原因，你也不用擔心我會加油添醋，至於後續要如何處置，由主管決定我無權表示意見。」凱斯雖然不想害John沒工作，但他堅持必須對主管有所交代。

John眼看事情已經無法隱瞞，而且證據如此確鑿，便向凱斯表示他希望主動向主管坦承錯誤，取得主管的諒解，在獲得凱斯同意後，便自行前往主管的辦公室。而為了讓網頁背景恢復正常，秋風利用工具包繼續還原被刪除的網頁原始背景圖片檔案。

「這樣一來，被刪除的資料就還原了，你看看網站消失的資料是不是這些。」秋風操作完後詢問凱斯。

「就是這些檔案沒錯！真是太感謝你了！我要儘快把這些檔案放回伺服器中，讓網站恢復正常，並且進行之前都沒做得系統備份工作。」凱斯興奮地說。

「很高興事情得以順利解決，這樣你就可以放心跟主管交差，之後記得定時幫系統做備份，要是檔案被刪除的時間太久可能會無法還原

的，另外，如果有別人在操作伺服器應該多留心，也可以考慮使用稽核功能，可以自動產生所有使用者操作紀錄的日誌檔。」秋風提醒著凱斯管理伺服器應該注意的事項。

「學長真的是見多識廣，看來往後我應該定時前往您的數位徵信社挖寶，到時候再麻煩您多多照顧了！」

「好啊！隨時歡迎你過來學習，等到你多累積些經驗，說不定有些案件會需要你的幫助，有興趣的話還可以考慮成為我的數位徵信社的一員呢！沒其他事情的話，我先離開囉！」

秋風順利的偵破了網頁圖片被置換的案件，並且成功地找出了嫌疑犯，而事情圓滿的解決讓凱斯對於秋風滿懷感激，也對數位鑑識充滿興趣，心中暗自決定一定要去秋風的數位徵信社好好見識一番。凱斯學著秋風的習慣，無時無刻地紀錄所學到的科技新鮮事與技巧，心中不禁幻想著如何熟悉數位鑑識而能在科技時代裡成為現代福爾摩斯的快感呢！

筆記欄

第二章

iOS 愛與恨

　　自從順利解決上次的網頁背景圖片置換事件後，凱斯對於工作重新燃起熱情，也安然度過了三個月的試用期。這天，為了慶祝度過試用期，他決定送自己一個禮物犒賞自己。身為一名資訊人員，凱斯也如同一名科技愛好者，難以抵擋追求新科技產品的誘惑，適逢 Apple 公司推出新手機，於是凱斯下定決心將這三個月存得一點微薄的薪水，全部投入購買了一台全新的 iPhone 手機，並盤算著用這部手機記錄公司客戶的聯絡電話、以及利用通訊軟體進行日常業務的溝通。

　　這天，凱斯一如往常的搭乘捷運上班，一路上，不斷用著新入手的 iPhone 與待會要見面的客戶溝通著應該準備的資料。就在快抵達公司時，凱斯一不留神與一名迎面而來的路人擦撞，說時遲那時快手中的 iPhone 像拋物線般飛出，不偏不倚地掉到對向車水馬龍的車道上。凱斯急忙找尋手機的位置，此時，一台機車飛馳而過，接著傳來「　滋」一聲，新買不久的 iPhone 手機邊緣就這樣被輾過。心急的凱斯在等待號誌轉換後，小心翼翼地到車道上搶救他的手機。撿回手機的凱斯，急著看看能否繼續使用，只見手機螢幕上有些許裂痕，雖然還能開機，但開啟後不久就會自動關機，這對於將客戶資訊都存在手機中的凱斯而言無疑是晴天霹靂。

　　「電話突然掛斷，客戶應該會覺得奇怪，到時候電話撥到主管那兒，好不容易建立的好印象又要崩壞了，我記得上次和客戶見面時有拿到一張名片，我還是先找個公用電話回電。」凱斯心裡想著。

　　凱斯取出了皮夾，打算找出上次客戶留下的名片，正在翻找的同時，一張名片從皮夾的內袋中滑落，凱斯彎下腰撿起了名片。

「『Eagle Eyes 數位徵信社－數位偵探－秋風』，這不是之前幫了大忙的秋風學長嗎！不曉得他的數位徵信社開張沒？如果把手機送回原廠維修的話，裡頭的資料多半不保，我記得他上次他展現了一手高超的數位鑑識能力，不曉得有沒有辦法應用在智慧型手機上，把手機裡的資料取出？」凱斯看著名片，心裡盤算著工作的事告一段落後，要再請秋風幫忙解決手機的事。

「秋風學長嗎？我是凱斯，方便講電話嗎？」凱斯問道。

「是凱斯哦！工作還順利嗎？還是又遇上什麼麻煩事了嗎？」秋風回答道。

「事情是這樣的，我想知道能不能透過電腦鑑識的技巧來進行智慧型手機資料的備份和還原工作？」凱斯帶著一點期待的心情向秋風尋求協助。

「雖然一樣是數位鑑識工作，不過因為硬體和作業系統的不同，電腦鑑識與手機鑑識的方法確實有些差異，箇中奧妙我也有些涉獵，不過由於最近我剛好在忙著數位徵信社開張的事，可能無法抽身，剛好我身邊有一名助手是專門研究手機鑑識的高手，我待會請他與你談談，你稍後別掛斷電話。」

聽到秋風這麼說，凱斯頓時安心不少，約莫兩分鐘後，電話那頭傳來了一名年輕男子的聲音。

「你好，我是秋風的助手柯小齊，聽秋風說你有手機鑑識方面的問題，可以描述一下是什麼問題嗎？」柯小齊問道。

「我有一台 iPhone 的智慧型手機因爲某些原因有些故障，目前的狀況是可以開機，但是不久就會自動關機，因爲裡面存了一些重要的客戶聯絡資料，我想知道能不能透過數位鑑識技巧，幫我把這些資料救回來呢？」凱斯娓娓道來事情的始末。

「好的，我大概了解狀況了，你先不要太擔心，讓我想想該從何處著手，不如明天約個時間出來見面，當面看看你的手機的情形。」柯小齊用專業的口氣安慰著凱斯並訂下明天一起見面的時間。

隔天，凱斯提早約十分鐘抵達了與柯小齊約定見面咖啡廳，先向店員點了杯咖啡，接著選了靠窗的位置坐下後，拿出故障的手機不停仔細地端詳著，等待約定的時間到來。約莫五分鐘後，一名年輕男子走向凱斯，手裡提著一個鋁製的工具箱。

「哈囉！你就是凱斯吧？」那名男子向凱斯問道。

「是的，你是…秋風的助手柯小齊嗎？」凱斯趕緊起身回答道。

「沒錯，我是柯小齊，很高興認識你，我們直接切入正題吧！昨天我聽秋風聊起之前他幫你處理案件的經過，還有提到你對於我們要成立的數位徵信社非常有興趣，他特別交代我不要單純只幫你解決問題，還要多說些如何處理的觀念與技巧，所以我今天特別準備了一些資料，在

幫你解決手機的問題之前，你有興趣聽一下嗎？」柯小齊嘴角有著一抹的微笑。

「當然好啊！這樣我又可以多增長一些數位鑑識的知識，也算是因禍得福吧！」凱斯雖然心裡擔心手機狀況，但是一聽到又可以學習到數位偵探該具備的一些能力感到開心不已。

「我們先來玩個連連看的遊戲，測試一下你對手機的作業系統了解多少。」

柯小齊一邊說著一邊從工具箱中取出一台 iPad2，並且靈活的操作著，只見螢幕上出現一道謎題。

Apple	Microsoft	Google
•	•	•
•	•	•
Apple	Microsoft	Google

連連看

「之前爲了選購智慧型手機做了不少功課，這題正確的解答應該是
"Apple-iOS、Microsoft-Windows Phone、Google-Android"，沒錯吧？」凱斯頗有自信的表示道。

「完全正確，看來你對智慧型手機有些基本的認識，你可以翻下一頁，裡頭有著各作業系統的詳細介紹。」

凱斯將手指在螢幕上向左滑動，此時，螢幕上顯示著有關各手機作業系統的文字說明。

I. iOS

iOS 是由 Apple 公司為 iPhone 開發的作業系統，是以自家開發的 Darwin 作業系統為基礎，專門設計給可攜式裝置使用的作業系統。它主要搭載於 iPhone、iPod touch 及 iPad 等產品。iOS 的特色是使用者介面美觀、應用軟體較一般作業系統多元，且螢幕可以多點觸控。

II. Android

Android 是基於 Linux 核心開發的手機作業系統，原先是由 Google 所開發，後來與 Sony Ericsson、HTC、Motorola 等 34 家公司建立了開放手機聯盟，並於免費開放的原則達成一致的協議。Android 的特性是免費、開放，且操作較容易上手，目前是市佔率第一名的手機作業系統。

III. Windows Phone

Windows Phone 是 Microsoft 所開發的手機作業系統，主要以 Nokia 為合作對象，而最新的 Windows Phone8 採用與 Windows 8 相同的內核。作業系統的特色採用動態磚的組合呈現，使用者可以自行調整動態磚的大小，並且可與桌機版的 Microsoft office 互相操作。

手機系統的分類

「看完這份資料，你應該對手機的作業系統有更深的認識吧！」柯小齊問道。

「原來是這樣，所以我的 iPhone 手機就應該針對 iOS 的作業系統特性來萃取資料囉！」凱斯恍然大悟的說道。

「你掌握重點了，接著我會說明一般對手機萃取資料的方式，雖然手機的作業系統會影響資料萃取的方式，但主要可以區分爲兩個方向進行，一類是實體萃取，另一類則是邏輯萃取。」

「不就是萃取資料嗎？爲何還要分成兩種萃取方式？兩者的差別在哪呢？」凱斯有點被複雜的專有名詞搞糊塗連聲問道。

「讓我一一來爲你說明吧！所謂的『實體萃取』是利用硬體儲存資料的存取方式，反向的將資料萃取出來。通常在進行實體萃取時會寫入一個特殊的程式到手機的記憶體中，藉此取得記憶體的完整映射（Full Dump）。」

「這和之前電腦鑑識作法中，製作映像檔很像吧！所以實體萃取可以像電腦鑑識一樣將刪除的檔案復原嗎？」凱斯想起上次跟秋風所學的電腦鑑識知識。

「沒錯！看來你非常有天分！我們如果在鑑識的過程當中，發現資料刻意遭抹除，就可以嘗試利用實體萃取的方式還原資料。」

「這樣我明白了，那麼邏輯萃取又是什麼呢？」凱斯接著問道。

「所謂的邏輯萃取，是從某些原始資訊來源中，萃取出具有邏輯及特殊意義的資料，例如日誌檔或是資料庫等，相較於實體萃取所取得的資料還需要經過分析，邏輯萃取出的資料通常具備系統預先定義的格式，我們可以透過數位鑑識軟體搭配手機作業系統專屬的通訊協定軟體來進行萃取。」

「除了萃取出的資料比較完整以及有邏輯之外，還有甚麼差別嗎？」凱斯進一步問道。

「最大的差別在於進行邏輯萃取的情況下，我們無法如實體萃取一般取得已刪除之檔案，但若手機資料受到加密或損毀，就無法透過邏輯萃取之方式將資料萃取出來。」柯小齊解釋著兩者重要的差別。

「這樣我清楚了，不過還需要一點時間消化一下。」

「從 iPad2 上顯示的這張比較表，你可以更了解這兩項萃取資料技巧的差異，你花些時間看看。」柯小齊將 iPad2 遞給凱斯說道。

萃取方法比較表

項目	邏輯萃取	實體萃取
硬體連接線	可有可無	需要
專屬通訊協定	可有可無	需要
資料揮發性	高	低

項目	邏輯萃取	實體萃取
所需權限	低	高
採集方式	通過系統API來存取資料	記憶體位元複製
特色	相容性高，不受裝置規格影，較難恢復已刪除資料	取得的記憶體內容完整，可進一步分析或恢復已刪除資料

「接著，我會針對你的 iPhone 手機，開始進行資料萃取，你可以在旁邊觀摩，之後有相同情況時就可以自己處理。」

語畢，柯小齊從工具箱中取出一台筆電，並將凱斯的 iPhone 手機與筆電進行連結。

「這台筆電是我平時進行手機鑑識時所使用的鑑識平台，裡頭安裝有相關的鑑識軟體和各品牌手機所需的連線軟體，在開始之前，我想先說明針對 iPhone 手機進行邏輯萃取所需的背景知識。」

柯小齊開啓一份檔名爲 "iTunes_backup" 的文件檔，只見文件中記載著有關 iTunes 備份檔案於常見作業系統中的預設儲存路徑資訊。

"iTunes_backup" 的文件檔

作業系統	路徑
Mac	~/使用者/資源庫/Application Support/MobileSync/Backup/
Windows XP	\Documents and Settings\（使用者名稱）\Application Data\Apple Computer\MobileSync\Backup\
Windows 7	\Documents and Settings \使用者\（使用者名稱）\App Data\ Roaming\Apple Computer\MobileSync\Backup\

「你知道什麼是 iTunes 嗎？」柯小齊問道。

「當然知道，它是 Apple 公司針對出產的產品所設計的專門安裝於電腦端與產品進行溝通的應用軟體，我平常都用來同步、備份與瀏覽 App Store 的功能。」凱斯得意的回答。

「沒錯，之前所提到的邏輯萃取，如果要應用到你的 iPhone 手機上，就是要利用 iTunes 的備份功能來找出資料。當我們將 iTunes 與 iPhone 介接時，可於安裝了 iTunes 的電腦端，直接得知 iPhone 的設備摘要資訊如：設備名稱、容量、版本及序號等等，並會自動檢測作業系統之版本。」柯小齊將 iPhone 與筆電連接後，指著螢幕的畫面，提示著凱斯應該注意的資訊。

iPhone 手機介接 iTunes 主畫面資訊

「一般來說，如果要讓電腦與 iPhone 中的內容能夠保持一致性，使用者可透過 iTunes 設定使電腦可自動與手機做同步處理，而如果要執行備份動作，則是透過 iTunes 主畫面上的左邊窗格找到 iPhone 的裝置名稱，以滑鼠於上方點選右鍵後，就可以找到 "備份" 功能的按鍵。」柯小齊俐落地移動著滑鼠並解釋道。

「而利用 iPhone 備份的特性，參考我剛才開啓的那份 "iTunes_backup" 文件檔裡的路徑資訊，就可以在電腦裡找到相關的資料夾，並在這些資料夾裡找到想回復的資訊。而在找到這些備份檔後，下一步我們要做的是辨識備份檔案格式。」柯小齊一步一步操作並引導凱斯從中學習。

「既然同樣是備份檔案，爲何還要辨識檔案格式呢？」

「這是由於 iPhone 會因爲 iOS 的版本不同，所產生之備份檔案副檔名也會隨著變動，因此，我們無法直接從檔案的外觀確認其原始檔案格式。」柯小齊向凱斯詳細解釋。

「那麼我們該如何辨識不同的檔案格式呢？」

「可以使用像是 "Hex Viewer"、 "Hex Editor" 或是 "Notepad++" 等檔案編輯器來開啓備份檔案，並且觀察檔案內容的開頭前幾個字元所組成的字串特徵，這裡有一份我整理的特徵字串與相對應之檔案格式的對照表，你參考看看！」柯小齊開啓了一份文件檔，將對照表呈現於螢幕上。

特徵字串與檔案格式對照表

字串	原始檔案格式	圖例
bplist00	plist檔	00000000 62 70 6C 69 73 74 30 30-D3 01 02 03 04 05 06 5F `bplist00`...... 00000010 10 17 41 70 70 6C 65 49-43 55 46 6F 72 63 65 32 ..AppleICUForce2 00000020 34 48 6F 75 72 54 69 6D-65 5B 41 70 70 6C 65 4C 4HourTime[AppleL
SQLite format 3	SQLite資料庫	00000000 53 51 4C 69 74 65 20 66-6F 72 6D 61 74 20 33 00 `SQLite format 3.` 00000010 10 00 01 01 00 40 20 20-00 00 00 00 0D 00 00 00 .....@ .... 00000020 00 00 00 00 00 00 00 00-00-00 00 00 3D 00 00 00 04 ....=.....
Exif MM	「.jpg」圖片	00000000 FF D8 FF E1 26 CB 45 78-69 66 00 00 4D 4D 00 2A ...`&.Exif..MM.*` 00000010 00 00 00 08 00 0A 01 0F-00 02 00 00 00 06 00 00 .... 00000020 00 86 01 10 00 02 00 00-00 0A 00 00 00 8C 01 12 ....
PNG	「.png」圖片	00000000 89 50 4E 47 0D 0A 1A 0A-00 00 00 0D 49 48 44 52 `.PNG`.......IHDR 00000010 00 00 01 40 00 00 01 E0-08 06 00 00 00 D4 8C B4 ...@............ 00000020 44 00 00 20 00 49 44 41-54 78 01 EC BD 07 80 5C D.. .IDATx.....\
ftypqt	「.mov」影片	00000000 00 00 00 14 66 74 79 70-71 74 20 20 00 00 00 00 ...`.ftypqt` .... 00000010 71 74 20 20 00 00 00 08-77 69 64 65 00 87 CD 5D qt ....wide...] 00000020 6D 64 61 74 74 00 44 40-07-01 02 9B FE F4 E7 20 92 mdat.D@.......
JFIF	「.jpg」圖片	00000000 FF D8 FF E0 00 10 4A 46-49 46 00 01 01 00 00 01 ...`JFIF`....... 00000010 00 01 00 00 FF FE 00 3C-43 52 45 41 54 4F 52 3A ....<CREATOR: 00000020 20 67 64 2D 6A 70 65 67-20 76 31 2E 30 20 28 75 gd-jpeg v1.0 (u
xml	xml格式的plist檔	00000000 3C 3F 78 6D 6C 20 76 65-72 73 69 6F 6E 3D 22 31 `<?xml version="1` 00000010 2E 30 22 20 65 6E 63 6F-64 69 6E 67 3D 22 55 54 .0" encoding="UT 00000020 46 2D 38 22 3F 3E 0A 3C-21 44 4F 54 53 50 45 F-8"?>.<!DOCTYPE

「那這些檔案格式又代表甚麼呢？」凱斯指著幾個看似無意義的拼字問道。

「如果是以圖片檔為例，使用手機相機拍攝出來的相片會被儲存成 ".jpg" 格式的檔案，並且在備份檔案標頭內容可以發現嵌有 "Exif MM" 的字串；若是以按下主功能鈕與電源鈕所擷取 iPhone 手機的桌面快照，則圖片會被儲存為 ".png"格式，而夾帶圖片的 MMS 訊息，在使用者開啟訊息預覽時，也是先產生一個 ".png" 的縮圖檔，而這兩者的備份檔案標頭內容都可發現嵌有 "PNG"字串。」柯小齊詳述各種檔案的意義。

「我知道 ".mov" 是一種常見的影片檔格式，那我們要如何辨識

它是哪種備份檔案呢？」

「很好，你蠻會舉一反三的，如果是 ".mov" 檔案我們可以在備份檔案標頭內容中，發現嵌有 "ftypqt" 字串。」

「那麼這個 "JFTF" 字串是哪一類的檔案呢？」

「一般應用程式的 icon 圖示在手機中被轉存成縮圖，雖然原始圖檔為 ".jpg" 格式，但在備份檔案內容的標頭中會被嵌入 "JFIF" 字串。因此，我們可以透過檢驗備份檔案內容標頭的字串，可以分辨圖片原始的格式。」柯小齊向凱斯解釋常見的圖片檔標頭是如何做分辨，好讓他找出自己存在手機裡的圖片。

「另外，像是用來儲存使用者設定的 "plist" 檔以及與資料庫內容相關的 "SQLite" 檔，他們的檔案標頭內容分別會嵌入 "bplist00" 及 "SQLite format 3" 等字串。」柯小齊接著說道。

「能發現這麼多檔案格式與標頭之間的相關性，看來你之前真的下過不少工夫研究呢！」凱斯讚嘆道。

「其實我們要了解這麼多檔案格式的的原因在於，要幫助我們選擇正確的工具來檢視檔案內容，像是要開啟 "plist" 檔案可以選用 "plist Editor"，而針對 "SQLite" 資料庫 的部分，可選用 "SQLite Browser"，一方面可解析 "SQLite" 資料庫的資料結構，另一方面還可以提供 "SQL" 語法指令 ，藉此來萃取資料庫中之內容。而針對

檢視一般圖片或影片檔的部分，我們可以直接在辨識出的備份檔案直接加上相對應的副檔名，就可以利用電腦作業系統內存的檢視器來開啓。」

「除了圖片跟影片之外，我們還可以從備份檔取出哪些資訊呢？」凱斯想起手機中存有和客戶聯絡的重要資訊心急地問道。

「基本上 iTunes 在備份時，會將將手機內部檔案轉存爲 16 進位的數字與字元所組成的備份資料檔，長度爲 40 個字元，如果是在 iOS 版本爲 4.X 中，這些檔案都沒有副檔名，無法直接辨識。而在我之前在研究 iPhone 手機時，有實際辨識出 iOS 版本 4.X 中的幾個重要原始資料檔與所備份出來的備份檔案名稱的對應關係，我把相關的資料顯示給你參考。」柯小齊開啓先前實作所製作的對照表資料。

iOS 版本 4.X 備份檔案與原始檔案名稱對照表

備份檔案名稱	原始檔案名稱	檔案內容
31bb7ba8914766d4ba40d6dfb6113c8b614be442	AddressBook.sqlitedb	通訊記錄
3d0d7e5fb2ce288813306e4d4636395e047a3d28	sms.db	簡訊
2b2b0084a1bc3a5ac8c27afdf14afb42c61a19ca	call_history.db	通話紀錄
2041457d5fe04d39d0ab481178355df6781e6858	Calendar.sqlitedb	行事曆
ca3bc056d4da0bbf88b5fb3be254f3b7147e639c	notes.sqlite	備忘錄

備份檔案名稱	原始檔案名稱	檔案內容
4096c9ec676f2847dc283405900e284a7c815836	consolidated.db	wifi與基地台定位資訊
6639cb6a02f32e0203851f25465ffb89ca8ae3fa	friend.db	Facebook好友清單
384eb9e62ba50d7f3a21d9224123db62879ef423	com.facebook.Facebook.plist	Facebook個人資訊
b64e73540b6221bffc16b18f2205e1335e31d7d8	com.apple.mobilephone.speeddial.plist	常用撥號清單
fb7786ced1add24313fa258c8e1ed041e24d52a4	com.apple.mobilephone.plist	最後一通撥出電話與時間
b88b75bddaa69139b66d948b7cbd4f41d9dd416d	Directions.plist	地圖查詢目的地
a30335a2c0f0316c9610d868a527b2ade1911542	com.apple.Maps.plist	地圖查詢起點終點
3ea0280c7d1bd352397fc658b2328a7f3b124f3b	com.apple.network.identification.plist	網路連結相關資訊
462db712aa8d833ff164035c1244726c477891bd	com.apple.itunesstored.2.sqlitedb	Cookies
d1f062e2da26192a6625d968274bfda8d07821e4	Bookmarks.db	書籤資訊

　　「這個對照表中，確實包含了許多常見於手機裡的基本聯絡資訊，可是好像沒包括像是 "LINE" 這種熱門的通訊軟體對話紀錄，關於這點有辦法還原嗎？」凱斯像是個好學不倦的學生，繼續提出問題。

　　「關於 "LINE" 這個通訊軟體剛好我也做過研究，因爲 "LINE" 算是使用率很高的通訊軟體，目前台灣擁有智慧型手機的人幾乎都會安裝這個 APP。而在前面有提到如何從 iTunes 的備份檔裡回復資訊，但

對於"LINE"的通訊紀錄，我們需要使用另外一種叫 iTools 的工具來進一步對備份檔案做管理。」柯小齊憑著之前的經驗，迅速解決凱斯提出的問題。

「iTools 跟 iTunes 兩個字聽起來好像，它們之間有什麼關連性嗎？」凱斯乍聽一個新的專有名詞，滿腹疑惑地問道。

「由於各項 Apple 產品都是經由 iTunes 來做管理，然而 iTunes 在功能上有一定的限制，並不一定完全符合使用者需求，因此，iTools 便是由非官方的第三人所開發出來的一套人性化工具，用以方便化管理 iOS 系統相關設備，而使用者透過 iTools 可以用傳統『拖』、『拉』的方式管理檔案，亦可針對備份進行管理。」

「這樣聽起來好像真的是 iTools 比較方便呢！所以這個工具可以幫助我們復原 "LINE" 的資料嗎？」

「iTools 工具的功能讓使用者管理 iPhone 手機更為自由，並且可以直接以模擬手機連結的方式管理備份檔案，而備份檔案的資料以介面化的方式呈現，有助於尋找各種資訊，我來操作一次如何將備份檔案匯入 iTools 工具給你看看。」

柯小齊熟練的操作著 iTools，開啓各項功能視窗，而凱斯在一旁看得入神。

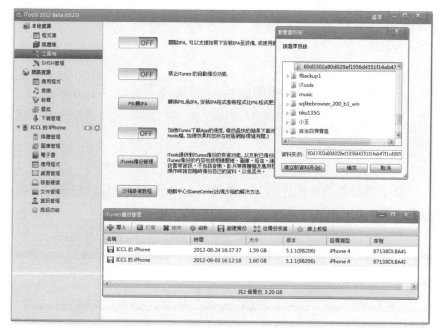

iTools 操作：工具箱→ iTunes 備份管理→導入

「iTools 的基本備份操作我瞭解了，那可以請你詳細解說有關 "LINE" 的聊天紀錄的部分嗎？」

「沒問題，你先將備份檔案透過 iTools 打開後，在 "/var/ mobile/Applications" 的資料夾中，可以看見以介面化所呈現的 APP 分類資料夾，而在路徑中的 "jp.naver.line/Documents/" 資料夾裡 有一個叫 "talk.sqlite" 的檔案，看到這個 "sqlite" 有想起什麼嗎？」

「這是有關資料庫的檔案，可以使用 "SQLite Browser" 來瀏覽內容。」

「不錯，你果然有認眞的學習，我們使用 "SQLite Browser" 開啓 "talk.sqlite" 後就可以發現裡面有著 "LINE" 軟體中過去所有聊天的紀錄。」

柯小齊按著步驟操作著，只見螢幕上出現一個看似有點複雜的表格。

"talk.sqlite" 表格

「這些表格看起來和一般 "LINE" 的聊天紀錄不太一樣，要怎麼解讀它呢？」凱斯看見和預期不一樣的表格畫面，疑惑地問道。

「我解釋給你聽，你看目前的電腦畫面，我們將頁嵌切換至 "Browse Data" 頁面，並在 Table 屬性選擇 "ZMESSAGE"，此時，資料表中 "ZTEXT" 的欄位中便是使用者聊天的內容，而在 "ZMESSAGETYPE" 的欄位中，"S" 和 "R" 分別代表使用者所發送和接收的內容。另外，像是 "ZSENDER" 欄位中的數字 10 和 19，可以對應另外一個資料表 "ZUSER" 當中的 "Z_PK" 欄位的數值，可以藉此進一步瞭解到使用者傳訊的對象。」柯小齊熟練的操作著軟體並指出不同欄位的意義。

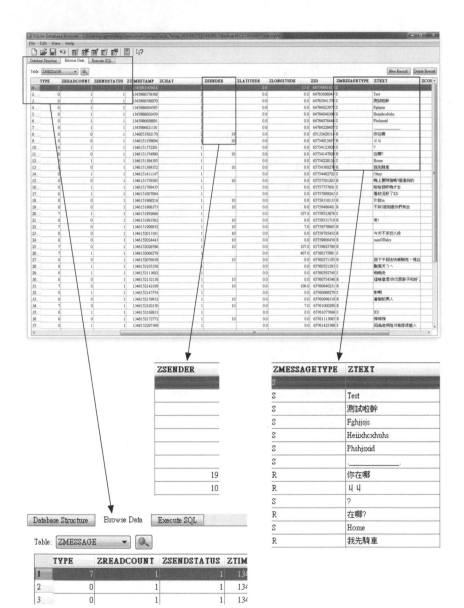

talk.sqlite：解讀聊天訊息

talk.sqlite:ZUSER 資料表

　　「真的是我的聊天記錄耶！所以我們也可以找到與朋友聊天傳送的照片或影片嗎？」凱斯看到他的聊天紀錄被還原時，興奮地跳了起來。

　　「當然可以啊！我們可以在路徑 "/var/mobile /Applications/ jp.naver.line/Library/ Application Support/Message Attachments" 的資料夾裡，找到使用者傳送與接收的多媒體檔案，而其檔名分類便是對照 "talk.sqlite" 檔案中 "ZUSER" 資料表內的 "ZMID" 欄位，我開啓給你看。」

　　柯小齊利用 iTools 的工具箱功能，輸入了指定的路徑，只見畫面上呈現出備份檔中的多媒體檔案資訊。

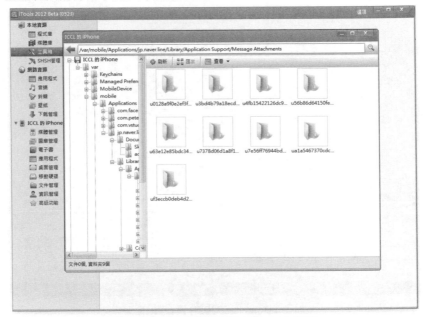

傳送媒體資訊的檔案紀錄夾與 ZMID 對應

　　透過柯小齊完整的介紹，凱斯學會了如何恢復包括通訊錄、圖片、簡訊及行事曆等等手機內的基本資訊。而時常使用的 "LINE" 通訊軟體，也利用了 iTools 恢復了平常與客戶的通訊紀錄，及一些跟工作相關的重要資料，凱斯得以繼續他原本的工作，免於又被主管一陣責罵。

　　「這樣你以後再遇到相同的問題，就可以利用這些技巧，救回你手機裡的資料，不過要記得時常跟電腦做同步備份，如此才可避免發生意外時，還可以回復重要的檔案。」柯小齊叮嚀著凱斯。

　　「柯小齊很感謝你這次的幫忙，今天又讓我大開眼界，也請幫我轉告秋風感謝他每次我遇到危機時，他總能伸出援手，也預祝你與秋風創業順利！」凱斯充滿感激地感謝柯小齊。

　　「不客氣，創業的事情都照著進度進行，應該再過一段時間就可以開幕了，也歡迎你光臨我們數位徵信社，成為我們第一個顧客啊！」柯小齊開玩笑地跟凱斯說道，兩人對於數位徵信社的成立，都充滿期待。

筆記欄

第三章

看不見的
無線線索

人們都說亂世出英雄，因此太平盛世中即使身懷絕技也無法大展身手。在這一個涼爽的午後，秋風與助手坐在剛成立的 Eagle Eyes 辦公室裡，沒有生意上門，令秋風感到沮喪。

「唉，難道我就要讓這樣無趣的一天過一天嗎…! 小傑，你那裡有接到甚麼案子嗎？」秋風帶著一點希望詢問他的助手。

「案子啊，我們才剛成立，又沒有錢進行行銷，而且大多數人都不懂甚麼叫做數位鑑識，我這邊也是沒有案子的狀態啊。」小傑邊用著電腦看著租回來的影集邊回答。

「說的也是，你看起來那麼悠哉，就是沒有案子上門了。」秋風望著窗外與小傑閒聊。

就在秋風與小傑正在閒聊的時候，辦公室的電話突然響起。秋風與小傑同時轉頭望著電話，秋風期待著電話的那端會為他帶來大案子，小傑雖然個性比較沉穩，但也希望徵信社的第一個案子就是大案子，讓徵信社可以在媒體做個免費的宣傳。

「您好，這裡是『Eagle Eyes 數位徵信社』，請問有甚麼可以為你服務？」秋風接起電話不忘禮貌的詢問對方。

「嗨！…我想請問…你們徵信社有在幫忙調查網路相關的案件嗎？…。」電話那頭的聲音帶著點不安的情緒詢問。

「有的！只要是數位相關的案件我們都會盡能力為你解決！請問先生怎麼稱呼？可否大略說明一下案件內容呢？」

「我姓文，事情是這樣的，我平常有在使用 BBS 的習慣，也常在 BBS 上回覆或發表文章。就在前天，我收到一封 Email，內容是有人認為我在 BBS 上毀謗他，而且他已經拍照存證。但是那個留言根本不是我回覆的，而且該時間點我也沒有上線…可以請你們幫我調查，證明我是清白的嗎？」文先生擔心的說著事發經過。

「文先生，就你所講的聽起來是你的帳號被人盜用，我們可以幫你調查，讓我們約個時間見面吧！」秋風對於徵信社的第一個案件非常重視，很有禮貌的回答對方。

「我明天早上有空，約在新埔捷運站一號出口不知道你們方不方便呢？」

「方便，那就約明天早上九點一號出口見，到時候在找個地方坐下來好好談談詳細的事件經過以及調查相關的費用吧！」

「好的，謝謝你！那就明天見了！」文先生像是吃了一顆定心丸，聲音平靜許多。

隔天早上，文先生與秋風以及小傑在捷運站碰面後，走到附近的一家咖啡館坐下來開始仔細討論事情發生經過。文先生告知秋風以及小傑，根據對方傳給他的照片來看，他 PO 文以及回覆的時間是發生在最

近幾個禮拜，文先生也利用平板電腦將照片給秋風以及小傑看。

標題	[秘辛] 你這王八蛋
時間	Fri Jun 14 13:22:23 2013

我就是在說你

ABCNG

你就是個沒有膽量的王八蛋

文先生帳號於發表 BBS 不當內容

「所以對方的帳號就是"ABCNG"嗎？」小傑看著照片問著文先生。

「沒錯，而且我在上去瀏覽"ABCNG"的相關文章，發現我的帳號在差不多的時間點都有回覆他的文章，而且都是一些侮辱性的字眼…。但是我完全不認識這個人，而且這個時間點我也並沒有上線啊！這個時間點是我們公司半年一次的聚餐，我當時與許多同事在聚餐。」文先生無奈的說。

「你平常有將帳號密碼給其他人知道嗎？或者你的帳號密碼是很容易猜中的密碼呢？」秋風詢問文先生有關帳號密碼的資訊。

「我沒有給其他人知道，因為平常我很重視自己的帳號安全，我甚至每個月都換一次密碼…所以應該不會有人會知道我的密碼…但是真的不是我去發表以及留言的。你們有辦法可以幫我嗎？」

　　文先生雖然自認對於帳號密碼保護的相當縝密，但仍遭到這種栽贓事大，心情與生活受到相當的影響。秋風經過電話詢問文先生的同事後，也證實當時文先生與公司同仁正在聚餐，看來要不是文先生串通他同事就是有人藉由盜取文先生的身份在 BBS 發表不當的言論。由於文先生說自己對於帳號密碼保護的相當縝密，也認為沒有造訪過一些不安全的網站。因此秋風與小傑繼續詢問文先生最近 BBS 的瀏覽時間與地點。

　　「你最近有利用哪些網路瀏覽 BBS 嗎？」秋風不想漏掉任何一點線索，仔細的詢問文先生。

　　「網路的話…我平常只在公司或者家裡瀏覽 BBS，只有最近有一次因為公司跟家裡那個區域停電，又急著把工作做完，才到一家有提供無線網路的咖啡廳使用他們的網路，在工作完以後稍微看了一下 BBS。」文先生回憶上次公司停電的事情。

　　秋風與文先生談完後，認為那家咖啡廳可能會有文先生帳號被盜用的線索，於是向文先生問了地點之後，立刻前往咖啡廳追查線索。在秋風以及小傑到達咖啡廳時，在咖啡廳前巧遇了凱斯，原來凱斯今天休假與 KUSO 剛好打完球在咖啡廳喝個飲料休息完，凱斯跟 KUSO 很開心遇到秋風，秋風與小傑也跟他敘述了一下發生的事情，讓凱斯有機會學習一下。

　　「嘿，凱斯、KUSO，趁著這次機會你們可以跟小傑多學習，他對於 QR-Code、網路以及雲端領域有特別的研究。」秋風得意的說著自

己所調教助手的專長領域。

「唉呀，我也想要留下來，不過待會已經約好了其他人了，只好下次請凱斯在說給我聽了。」KUSO 一臉惋惜的表情，並與眾人揮手示意再見。

「這次的事件你們有甚麼頭緒嗎？」等 KUSO 走後，凱斯馬上回到剛剛討論的話題好奇的問。

「目前還沒有非常明確的證據顯示事件的事實，不過我們想線索有可能就在這間咖啡廳裡面，我們不如先進去看看有甚麼線索。」秋風邊說邊與三人走進咖啡廳。

「凱斯，你知道無線網路雖然方便，但是還是存在安全性風險嗎？」小傑將自己的知識分享給凱斯。

「我有稍微聽說過，可是實際上如何危險我卻沒有見過，詳細的情形可以請你告訴我嗎？」凱斯秉持著他的好奇心向小傑求教。

「當然 OK，無線網路面臨的威脅分為插入攻擊、未經授權的無線傳輸攔截與監控以及複製無線存取點的傳輸攔截。插入攻擊就是例如未經授權的進入無線存取點或佈署偽造的無線存取點。其他還有破解加密，人為干擾等。」

「那未經授權的無線傳輸攔截與監控又是甚麼？」

「所謂的未經授權的無線傳輸攔截與監控就是攻擊者使用多數工具捕獲封包。資料通常包含使用者姓名與密碼。如果無線存取點是連接至集線器 (Hub) 而非交換器 (Switch)，則任何流經集線器的網路傳輸都可能透過無線網路向外廣播。」

「所以你們懷疑這次的事件是有人利用無線網路攻擊獲取當事人資料嗎？」

「沒錯，根據剛剛看完文先生帶來的電腦來看，我發現他有連線到一個 "Connectify" 開頭的無線網路，因此我懷疑是有人藉由設置偽造的無線存取點，在合法無線網路附近以強力訊號誘騙使用者連線，引誘文先生登入被替代的伺服器。也就是剛剛提到的複製無線存取點的傳輸攔截。」小傑說出自己觀察到的線索並推敲案情。

「通常是如何進行攻擊的呢？」凱斯好奇著進行攻擊的方法。

「這個就由我來說吧！根據我以前遇過的事件，我將這種攻擊手法記錄於檔案中，在平板電腦中的畫面，就是攻擊的手法。」秋風根據經驗輕鬆地回答。

咖啡廳、便利商店、或是有提供無線網路 WiFi 的地方，會有許多民眾使用筆記型電腦、智慧型手機等行動通訊裝置透過它來瀏覽網路。非法者就是利用此特性來攻擊使用者，當使用者不經意誤將非法者偽造之無線 AP 當作咖啡廳提供的無線 AP，並且利用此 AP 連線上網。那他們在網路上的一舉一動都將赤裸裸暴露在攻擊者面前。

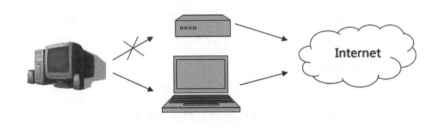

中間人攻擊過程

　　「那我也來說說攻擊者可能如何利用"Connectify"這個程式好了。凱斯，你看看我的筆記型電腦的畫面。首先使用者搜尋可用網路，可找到無線網點 ICCL，如畫面上看到的。這時候我們可以利用這個程式將自己的筆記型電腦架設無線網點，並以類似之名稱"Connectify-ICCL"取名。」小傑正操作著電腦說著。

　　小傑操作著電腦一步一步解說，並把畫面呈現給秋風及凱斯看。

畫面呈現可用無線網路

畫面說明 "Connectify" 設定分享網路之名稱

　　「這時候只要遮蔽原 AP 之訊號或破壞其裝置，不知情的使用者被名稱所欺騙，透過嫌犯設置之 AP 網點進行上網。一旦有使用者連結至非法者提供的偽造虛擬 AP 上網。嫌犯即可透過 "Wireshark" 程式擷取封包，獲取敏感資訊。」秋風接著說著這種犯罪手法。

　　「"Wireshark" 有那麼厲害唷！」凱斯驚訝的問。

　　「是啊，如果傳遞的封包協定是以明文的方式做傳遞，則不會對封包裡面的訊息作加密。攻擊者就可以直接得知受害者傳遞的資訊。如 Telnet 協定所傳輸的封包明文，可取得帳號、密碼等資訊。」

　　秋風利用平板電腦將之前利用 "Wireshark" 的案件畫面呈現給凱斯看，畫面中的 "Wireshark" 擷取 Telnet 封包，並可從中看到敏感資訊。

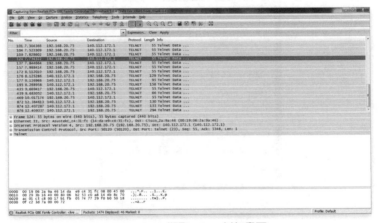

Wireshark 擷取 telnet 封包畫面

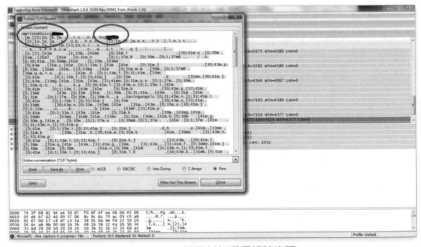

Wireshark 擷取封包獲得帳號密碼

　　「所以若是有使用者不經意連結至攻擊者僞造的 AP 並上網從事各項活動。所有傳遞與接收的封包都將完全被攻擊者側錄下來。所以我懷疑文先生的帳號密碼是誤連仿冒的無線網路才被盜用的。」小傑說出他的推理。

　　小傑透過筆電也發現了當日文先生連線過的無線網路，因此一樣懷疑應有不法者僞造商家提供的無線 AP，待使用者連結上網之後，側錄其在網路上的傳遞的封包。不法者僞造的無線 AP 所利用的主要是利用電腦對無線存取點的識別度不足的漏洞，讓使用者透過惡意設置之網點上網。再利用特殊工具攔截封包，讓使用者不知不覺透露帳號密碼與類似之敏感資訊。

　　值得注意的是這類手法不需要什麼高超的技巧或設備即可進行，只需要兩套軟體及一台筆記型電腦，就可以達到其目的。

　　爲了找到盜用文先生帳號的人，秋風跟小傑認爲非法者利用僞造的無線 AP 側錄使用者在網路上面傳遞與接收的封包。小傑拿出電腦搜尋無線網路，發現文先生當日連線的無線網路現在還存在，於是觀察了一下店內的客人。發現店內除了他們三人之外，只有另外一對情侶以及一名身材纖瘦表情有些憔悴扭曲的中年男子，而桌上放有筆電的人只有該名中年男子。如果不是那名中年男子的話，那麼就是店家有嫌疑了。

　　「你們懷疑是那名中年男子嗎？但是如果他矢口否認我們該如何找到證據呢？」凱斯感覺自己也像一名偵探，興奮的問著秋風以及小傑。

　　「利用這種手法雖然很容易讓人疏於防範，但是凡走過必留下痕跡。我們可以在他電腦中許多地方發現攻擊者的犯案跡證。像是軟體使用的 LOG 檔、網路連線記錄。當這些資料有遭到刪除的跡象，我們可以使用之前給你看過的電腦鑑識工具將刪除的資料進行還原。」秋風回答凱斯後，與小傑前往該名男子的位子。

　　「你們在說甚麼？我怎麼可能會做這種事情，你們不要血口噴人！」中年男子氣憤地回話。

　　「你先不用如此，我們只是有人提到你是這事件的參與人，我們也覺得該作些確認工作，也才不會造成誤會。那可以將電腦借我們看嗎？」秋風有經驗地緩著氣氛說著。

　　「可以借你們看啊！不過我要先把私密資料關起來再給你們看，如果你們找不到證據我就要告你們毀謗。」中年男子非常生氣的快速操作電腦一段時間後才將電腦給秋風。

　　遭懷疑的中年男子雖然否認秋風所說的行為，也透過短暫時間的操作關掉了相關程式，但是秋風及小傑也不是簡單的人物。秋風以及小傑決定針對使用網路或程式的 LOG 檔的進行分析。

　　由於知道當天文先生連線之名稱為 Connectify 開頭，可得知非法者是透過 Connectify 來架設無線網點。秋風直接對中年男子的電腦進行關鍵字搜尋等蒐證方法，確實在電腦中的 "C:\ProgramData\Connectify\logs" ，找到 Connectify 的 LOG 檔。

Connectify 的 LOG 檔

接著小傑找到名為"ConnectifyNetServices20120508"檔，雖然檔名為"20120508"但是從創立時間以及修改時間可以看出來是在最近創立的檔案，而且是在剛才才經過修改的，可知剛剛中年男子試圖透過修改這個檔案的檔名跟內容來混淆視聽。

```
[08-May-12 16:53:04] Dual DHCP DNS Server Version 6.60 Windows Build 6501 Starting..
[08-May-12 16:53:04] Time_to_Live 30
[08-May-12 16:53:05] adding dns server 192.168.89.1
[08-May-12 16:53:05] DHCP Range: 192.168.89.50-192.168.89.100/255.255.255.0
[08-May-12 16:53:05] DHCP Range: 192.168.89.101-192.168.89.254/255.255.255.0
[08-May-12 16:53:05] Max Lease: 360000 (sec)
[08-May-12 16:53:05] Section [NXDOMAIN] setting default ip
[08-May-12 16:53:05] Default Host Expiry: 30 (sec)
[08-May-12 16:53:05] Server Name: 那人那-PC
[08-May-12 16:53:05] Domain Name: connectify
[08-May-12 16:53:05] Using port offset 1250
[08-May-12 16:53:05] Detecting Static Interfaces..
[08-May-12 16:53:05] adding dns server 192.168.89.1
[08-May-12 16:53:05] Lease Status URL: http://192.168.89.1:6789
[08-May-12 16:53:05] Listening On: 192.168.89.1
[08-May-12 16:53:42] recv:DHCP_MESS_REQUEST
[08-May-12 16:53:42] DHCP Request from Client 28:e0:2c:41:c7:6c (28-e0-2c-41-c7-6c) for IP 192.168.89.102, XID d (1)
[08-May-12 16:53:42] doing loop for dhcpEntry->rangeInd>=0
[08-May-12 16:53:42] doing cfig.options loop
[08-May-12 16:53:42] Client 28:e0:2c:41:c7:6c (28-e0-2c-41-c7-6c) allotted 192.168.89.102 for 360000 seconds
[08-May-12 16:53:42] Client 192.168.89.102, www.google.com not found (recursion not available)
[08-May-12 16:53:42] Client 192.168.89.102, redirecting www.google.com to NXDOMAIN
[08-May-12 16:53:45] Client 192.168.89.102, 26-courier.push.apple.com not found (recursion not available)
[08-May-12 16:53:45] Client 192.168.89.102, redirecting 26-courier.push.apple.com to NXDOMAIN
[08-May-12 16:53:46] Client 192.168.89.102, 26-courier.push.apple.com not found (recursion not available)
[08-May-12 16:53:46] Client 192.168.89.102, redirecting 26-courier.push.apple.com to NXDOMAIN
[08-May-12 16:55:31] Network changed, re-detecting Static Interfaces..
[08-May-12 16:55:31] adding dns server 192.168.0.1
[08-May-12 16:55:31] adding dns server 192.168.0.1
[08-May-12 16:55:31] really adding dns server : 192.168.0.1
[08-May-12 16:55:31] configured dns server : 192.168.0.1
[08-May-12 16:55:31] Lease Status URL: http://192.168.89.1:6789
[08-May-12 16:55:31] Listening On: 192.168.0.1
[08-May-12 16:55:37] Dual DHCP DNS Server Version 6.60 Windows Build 6501 Starting..
[08-May-12 16:55:37] Time_to_Live 30
[08-May-12 16:55:37] adding dns server 192.168.0.1
[08-May-12 16:55:37] adding dns server 192.168.0.1
[08-May-12 16:55:37] really adding dns server : 192.168.0.1
[08-May-12 16:55:37] configured dns server : 192.168.0.1
[08-May-12 16:55:37] DHCP Range: 192.168.89.50-192.168.89.100/255.255.255.0
[08-May-12 16:55:37] DHCP Range: 192.168.89.101-192.168.89.254/255.255.255.0
[08-May-12 16:55:37] Max Lease: 360000 (sec)
[08-May-12 16:55:37] Section [NXDOMAIN] setting default ip
```

LOG 檔內容

「從你電腦理 LOG 檔完整記錄 Connectify 程式的使用記錄，包含使用時間、其所連接之網路設備之 MAC、持續時間等，我們可以完整還原原始事件，也可以證明你曾在該時間點使用 Connectify 程式架設無線網點。若你還是不服氣，我們也可以對你電腦裡是否有利用他人帳號連線進行鑑識採集證據。」秋風告訴中年男子已經找到足夠證據可以指證他。

「這…可以不要把我送去警察局嗎？…我只是因爲之前被上司欺壓，所以只能在 BBS 上罵罵消消怒氣。」中年男子發現眼前這兩個人不是可以簡單的唬弄過去後一臉喪氣的說。

「要不要送警察局要問問我們的當事人，麻煩你在這裡跟我們一起等我們當事人來吧，你們聊一聊之後再看你要怎麼處理這件事情吧！不過你做的事情的證據我們已經備份，所以別想事後抵賴。」

秋風連絡了文先生前來咖啡廳後，與文先生說明事情經過，也讓中年男子與文先生兩人討論之後如何處理。幾天後，文先生來到徵信社準備付清酬勞並當面向秋風跟小傑道謝。

「眞是感謝你們，除了原本說好的酬勞還有這個小小的紅包送給你們。」文先生直接遞向秋風說道謝。

「這不好意思吧！我就拿原本說好的酬勞就好。」秋風說著。

「沒關係啦！我在意的是名譽受損，我也沒有控告那中年男子，而

是請他跟他辱罵的當事人說明清楚，並請當事人撤銷不實控告。」文先
生細數著事件的後續。

「你不錯呢！要是我的話早就生氣的連他盜用帳號的事情一起告訴
警察了呢！」凱斯在旁邊聽見秋風與文先生的對話，插進來表達意見。

「不過這樣的結局也還不錯啦，那名中年男子後來有向你表示道謝
嗎？」秋風樂見一個開心的結局。

「有啊，後來還聊了一下，才發現原來他的手法還是花錢跟別人學
的呢！」文先生將與中年男子的聊天內容跟秋風等人分享。

「學的？我怎麼不知道有在教這種旁門左道？」凱斯好奇的問。

「我之前也不知道啊，是後來聽他說，網路上有在宣傳只要交一點
學費就可以教你賺大錢，原來學來的都是關於詐騙或者盜用帳號的技
倆。」

「原來詐騙集團都靠這樣增加人手，還先賺一筆，真是太惡劣了！
那他有說是那些人教他的嗎？」秋風等人聽到都覺得不可思議但又覺得
這樣的行為實在惡劣。

「是啊！我聽到也嚇到呢！不過他也不知道太多關於教他手法的人
的背景，只說教他手法那個人說自己叫做小印。」文先生回想著與那中
年男子的對話。

　　「小印…好像有聽過這個名字…。」凱斯突然感到名字異常的熟悉卻又想不起來在哪裡聽過。

　　「凱斯，你該不會也有繳學費去偷學詐騙集團的技倆吧！」小傑看著凱斯開玩笑的說。

　　「我才沒有，我才不會做出那種暗地偽裝與損人的事情呢！而且我也沒有那些閒工夫。」「喔！重要的是沒有閒錢！」凱斯急忙撇清，不過也一時想不起到底在哪裡聽過這個名字了。

　　大家看著凱斯著急又苦惱的表情不禁大笑，之後又聊了一會，文先生也表示會將案件經過寫在部落格上幫秋風的徵信社做數位偵探的需求宣傳，以後也會小心陌生的無線網路以免再次遭駭。

　　秋風、小傑與柯小齊興奮地完成第一個案件，不約而同地想著接下來該可以開胡了呀！

第四章

永不磨滅的
記憶深處

「啊～～～」凱斯忍不住睏意，打了一個又大又長的呵欠。

禮拜一的上午總是特別難熬。凱斯的假日生活可比平常還充實呢！前些日子秋風的數位徵信社「Eagle Eyes」成立並且開始正式接案，自從接了第一個案件後，生意也開始變多。除了秋風跟兩個助手三人外，Eagle Eyes 中常常會冒出另外一個人，這個人就是好奇心旺盛的凱斯。凱斯為了滿足他對數位鑑識的好奇心，三不五時到秋風的徵信社報到，天天纏著秋風以及秋風的助手一群人東問西問，搞的秋風和小傑、柯小齊等人都快被問煩了。

「Eagle Eyes 現在到底該說是熱鬧或是說吵雜呢？」秋風跟柯小齊看著凱斯追著小傑詢問問題，他們對於凱斯的旺盛的好奇心感到又好氣又好笑。

平時除了學習數位鑑識的知識之外，凱斯也常與大學時代的籃球夥伴 KUSO 往球場跑。每當打完籃球便會拉著同系畢業的 KUSO 一同前往 Eagle Eyes，一邊帶著他參觀徵信社；一邊能有個好地方可以休息。凱斯總是興高采烈的告訴 KUSO 數位偵探以及數位鑑識有多麼厲害，說的就像自己也是一位數位偵探，不過凱斯生動帶點誇張的形容也令 KUSO 也開始對數位鑑識產生興趣並與 Eagle Eyes 的三位創業伙伴更加熟悉。

凱斯因為把週末的行程排的太過充實，導致周一上午難收心。「怎麼好像過個週末，卻沒休息到，反而比平常還累！」一說完，馬上又加上一個更深沉的哈欠了。

　　「趁著主管去開會，偷閒一下好了！」凱斯嘴角微微上揚，如此想著的同時點開了 FACEBOOK/ 臉書。「咦！KUSO 這小子準備要結婚了！連婚紗照都拍好了！打球的時候也都沒有跟我講一聲，真是的！」「哇～時間過的這麼快，小堂妹也大學畢業了！」

　　眾親朋好友的第一手消息，不必透過打電話、傳簡訊，只要點開 FACEBOOK 就可進入狀況，難怪凱斯一下子就忘我的掉進「臉書」這個介於現實和虛擬之間的世界。

FACEBOOK 首頁

　　「凱斯！」忽然，螢幕右下角跳出了聊天訊息，是 KUSO 傳來的。「你是不是帳號被盜用了，就算我們是好朋友，我也不可能幫你買點數卡的啦！」KUSO 接著送來這樣的訊息。

　　正當凱斯還一頭霧水，搞不懂 KUSO 在說什麼，此時又有另一個聊天訊息跳出來。「凱斯，別再把我加入奇怪的購物社團，要不要換一下密碼啊？」是 Eagle Eyes 裡秋風的助手 - 小傑傳來的訊息。凱斯一臉狐疑的想著怎麼接二連三的收到奇怪的訊息呢？

　　凱斯立即點開 FACEBOOK 的「收件匣」。不看還認為沒事情，一看之下凱斯忍不住驚呼！「天啊，這些是什麼，我沒有傳送這些訊息啊！」盯著收件匣裡連續好幾封一致的訊息：「你好，因為我家附近沒有 7-11 或其他便利商店，可以麻煩你幫我買『My Card』點數卡嗎？晚點我會再給你錢…。」一連串都顯示著由凱斯發出的訊息，傳送給十幾個 FACEBOOK 上的好友。自己的 FACEBOOK 首頁的社團選單也多出了好幾個社團：購物精品、小美購物專家、藍藍團購社、…等，都是凱斯不曾接觸過的社團。

　　凱斯擔憂起來，「該不會是帳號被盜用了？會不會還冒用我的身分去做什麼壞事呢？」「問問 Eagle Eyes 的夥伴好了！」凱斯想到 Eagle Eyes 徵信社，馬上撥電話給秋風求救，把剛剛看到的收件匣、社團等異常的畫面詳細告訴秋風。

　　「看來你的帳號密碼資訊被有心人士竊取了呢！」秋風一如既往的冷靜，口氣平穩的如此研判。

「那怎麼辦？我該怎麼做？」凱斯有些緊張地問道，心裡面也因為擔心信用卡卡號、身分證字號等一些重要資料外流而來回踱步著。

「先別著急。」秋風試圖穩定凱斯的情緒，用著平常的語氣繼續說：「你點開 FACEBOOK 的設定、帳號保安、有效的連網，查看是否有其他電腦登入你的帳號了。」

凱斯照著指示，在「有效的連網」畫面看到從不同裝置位置登入 FACEBOOK 的詳細資料，包含地點、IP 位址、作業系統等紀錄。「咦，這不是我們部門的公用電腦的 IP 位址嗎？」看著螢幕上顯示的 IP 位址：XXX.XXX.XXX.XXX，登入時間顯示為今天上午。「可是我今天沒有用公用電腦啊！」這邊每個同事都有自己的個人電腦，公用電腦幾乎沒有人碰。而會去使用公用電腦的，只有最近新加入公司的同事小印。

小印因為是新同事，所以公司也還沒發給他個人電腦使用。凱斯只要想到第一次與小印的對話就一肚子氣。記得他第一天來公司，凱斯想說當個好前輩，說要請他跟大家一起去吃午餐並且聊聊，沒想到小印冷淡的看著凱斯說「我們很熟嗎？要找人吃飯你找其他人就好！」這次的對話讓凱斯著實對小印留下壞印象。

FACEBOOK 上的登入紀錄

　　雖然很不想跟小印講話，但爲了找出盜用帳號的人，凱斯還是向前跟小印搭話。

　　「小印，你今天早上有使用公用電腦上網對吧？」凱斯一個箭步去找小印，迫不及待想求證。

　　「啊！沒⋯沒有啊，怎麼了？」平常總是冷淡沒甚麼表情的小印，表情突然顯得有點僵硬。

　　「那個⋯!」

小印講話顯的不清楚。凱斯雖然覺得小印的盜用嫌疑不小，但也不敢隨便懷疑這位新同事。

「我的 FACEBOOK 帳號被用這台電腦的人盜用了，你知道有誰用過這台電腦嗎？」凱斯稍微試探說著。

「我…我不知道。怎麼問我呢！」小印的語氣遲疑了一下，「我得去影印這份文件，Bye！」

一個轉身，凱斯只能看到小印著急離去的背影。雖然懷疑小印，但沒有證據啊！凱斯再次撥電話給秋風，把 FACEBOOK 上看到的登入紀錄、以及懷疑同事盜用帳號的過程一五一十的詳述了一遍。

電話一頭的秋風靜靜聽著。「看來得想辦法找些有力的證據呢！」秋風果決地說著也對凱斯使個玩笑的眼神。「中午我再一次過去你公司看看吧！不過你得順便請我吃頓飯唷！」

「請客有甚麼問題，你能幫我解決的話就太好了！」凱斯喜出望外，心裡想著 Eagle Eyes 夥伴的數位鑑識知識豐富，一定能找到蛛絲馬跡。

中午，凱斯領著秋風來到他工作的部門，並且指著公用電腦，說登入的 IP 位址顯示就是這一台電腦。秋風打開電腦上已安裝的網際網路瀏覽器，包含 "Internet Explorer"、"Google Chrome"、

"Opera"等，但是開啟 FACEBOOK 首頁，似乎目前都沒有帳號登入。

「電腦從早上到現在都沒有關機過吧？」秋風問。

「沒有。」凱斯堅定地回答道。

「看來得用上記憶體鑑識的技巧了。」秋風點點頭，神情像是下了什麼決定一樣。

「記憶體鑑識？我記得上次請你幫忙的時候你似乎也有提起過類似的名詞，不過你那時候說的名詞是『電腦鑑識』，那記憶體鑑識也跟電腦鑑識有關嗎？」凱斯眼睛一亮，好像完全忘記剛剛還擔憂著帳號盜用事件。

「數位鑑識所要面對的設備其實是非常廣泛的，因為可以儲存資料的設備不只一種，所以我們要瞭解各種設備的鑑識方法，而記憶體鑑識就是將電腦設備中的記憶體的資料進行蒐集與分析。」秋風詳細的說明記憶體鑑識的目的。

「進行記憶體鑑識跟一般的電腦鑑識又有什麼不一樣呢？」凱斯對於剛剛秋風所講似懂非懂，因此想要了解更透徹一點。

「記憶體又可分為揮發性記憶體與非揮發性記憶體兩種。揮發性記憶體是指一旦失去電源之後，儲存在其中的資料就會消失的記憶體。我

們平常所說的記憶體鑑識就是指揮發性記憶體。」

「這些我知道，只是平常我也只會看存在硬碟中的資料，我不太瞭解記憶體中的資料有那些，又跟我這次的事情有甚麼關係呢？」

凱斯雖知道揮發性記憶體，只是關於鑑識的細節部分他也一無所知。

「我們必須做記憶體鑑識的原因是因為揮發性記憶體中的資料是難以保全以及難以分析的，除此之外，揮發性記憶體在電腦中的角色是當作業系統處理運算資料時，資料短期暫存的區域。因此，揮發性記憶體中的資料中可能會存有關鍵的證據。」秋風說明記憶體鑑識的功用以及記憶體中的資料。

「聽起來記憶體鑑識好像很特別，那我們該如何拿到記憶體中的資料呢？」

「別急，我會一步一步教你的。」秋風對於凱斯一付打破沙鍋問到底的樣子感到這位學弟的強烈求知慾，臉上頓時出現一抹微笑。

秋風開啟了 "Mandiant" 網站 (https://www.mandiant.com/)，下載了 "Memoryze" 這個軟體。「現在這台電腦找不到有FACEBOOK 登入的紀錄，若是登入時間在今天上午，那麼登入的帳號、密碼紀錄有可能還保留在記憶體裡。我們得用這個軟體，趕快把記憶體完整的複製出來。記憶體是揮發性的儲存裝置，當記憶體滿了、被

新的資料覆蓋過去，或是電腦關機了，就找不到證據了。」秋風一邊下載、安裝軟體，一邊給凱斯說明著。

"Mandiant Memoryze" 官方網站，提供軟體下載。

「難怪你剛剛說揮發性記憶體中的資料是難以保全。」凱斯恍然大悟，想著之前只覺得硬碟、光碟、隨身碟等非揮發性的儲存裝置才能永久保存資料，沒想到可以先將記憶體完整複製出來，之後再進行鑑識。

「安裝好了，接下來只要執行 "MemoryDD.bat"，就可以開始複製記憶體了。」秋風按下這個程式，畫面上跳出一個新視窗開始執行複製記憶體，約幾十秒的時間，就把這台公用電腦的記憶體目前的狀態完整複製了。

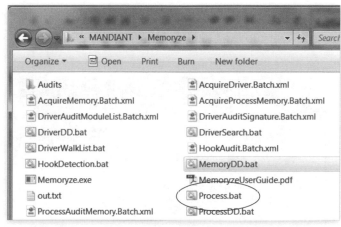

安裝 Memoryze 後執行 MemoryDD.bat 以進行記憶體複製

執行記憶體複製畫面

「你看，這個映像檔就是目前的記憶體內容哦！」秋風指著安裝資料夾下的一個 "img 檔 "，說明這就是已經複製好的記憶體。

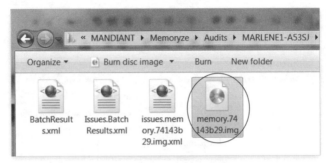

完整複製的記憶體映像檔

「記憶體眞的可以複製呢！可是，接下來要怎麼利用這個映像檔進行鑑識呢？」凱斯看著這個 "img" 檔案，摸不著頭緒，不懂要如何下手進行鑑識。

「接下來使用 "MadEdit" 開啓映像檔。」秋風又下載了一個軟體來安裝，「這是用來檢視記憶體映像檔的軟體，可以幫助我們找到有用的資訊。」秋風開啓 "MadEdit" 後，打開了剛剛的映像檔，畫面上左半部是由英文字母 A 到 F、數字 0 到 9 組成的十六進制，而右半部則是記憶體中存放的資料本文。

「我們以 "pass=" 這個關鍵字來搜尋看看。」秋風按了 "Ctrl+F"，鍵入 "pass=" 後開始搜尋，還眞的有搜尋結果。

「你來看看，這是不是你的帳號、密碼？」秋風指著找到的本文：

email=bowrose2@gmail.com
pass=richard168

向凱斯確認是否為他的 FACEBOOK 帳號、密碼。

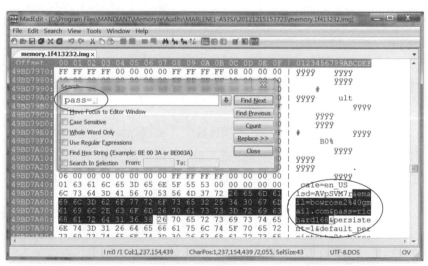

以 "MadEdit" 打開記憶體映像檔，搜尋 "pass="

「這是我的帳號、密碼沒錯！」凱斯對於記憶體鑑識的步驟，可以找到帳號、密碼等秘密個人資料而感到驚訝。「等等…，我到公司到現在完全沒有使用過這台公用電腦，更何況是上網登入 FACEBOOK，那表示有人曾經在這台電腦上用我的帳號、密碼登入 FACEBOOK 囉！」凱斯忽然想到什麼，自言自語說著自己的推測。

「You got it！」秋風點頭微笑，對於凱斯的開竅感到滿意。秋風忽然抬起頭環顧四周，東張西望了一翻。「你瞧，那裡有一台監視器方向剛好照著公用電腦，如果能請保全調閱監視器查看，就可確認今天上午究竟是誰在這台電腦瀏覽 FACEBOOK 了。我們有了 FACEBOOK 的登入紀錄、記憶體鑑識後也確認這台電腦曾被用來以你的帳號、密碼登入 FACEBOOK，如果再加上監視器畫面，就完全掌握有力證據了。」

「我這就去跟安全部詢問，請他們調閱監視器！」凱斯飛快的衝出辦公室，直奔安全部，可完全忘記還把秋風晾在辦公室裡呢！

「啊…這台監視器啊，上個禮拜我們才接到報修的，還沒有請廠商來維修呢。」安全部的同事邊翻閱著報修紀錄檔案，邊向凱斯說明著。「這台監視器現在是無法運作的狀態，所以沒有今天的監視器畫面。」

「怎麼會這樣！」凱斯感到非常遺憾，還勞煩秋風又跑一趟公司幫忙進行鑑識，就在真相快要水落石出時，卻缺少了最關鍵的證據。「可惡，無法將嫌疑人逮個正著！」凱斯雙手抱頭，一臉無助，都快把髮型抓成鳥巢了。

「我看你還是先更換密碼比較要緊吧！還有記得每次電腦離開你的視線時，都要設定密碼、登出或關機。」秋風雖然對於這樣的結果也感到遺憾，但還是建議凱斯採取安全防備措施比較要緊。

「好吧，今天還是謝謝你囉。」凱斯更改了 FACEBOOK 的密碼後登出，還將電腦的帳戶設定了密碼。「走，吃飯去！」接著關機準備出門去。雖然不能將嫌疑人繩之以法，還是得好好答謝秋風，同時自我安慰飽餐一頓，下午才有心情繼續上班。

下午，凱斯回到辦公室，「可是…究竟是不是小印盜用了我的帳號？」凱斯看著小印，想著未能圓滿落幕的盜用事件，「否則怎麼會鬼鬼祟祟呢？我的帳號、密碼又怎麼會被他知道？小印…咦，上次文先生的案件最後不是也說了教中年男子手法的人也叫做小印，難怪我一直覺得名字很熟悉，如果兩個是同一個人的話，那就真的可能是他盜用我的帳號了！」凱斯想到上次去 Eagle Eyes 聽到的案件後續恍然大悟並且再次聯絡秋風。

「秋風，我剛剛發現說我懷疑的同事跟上次文先生的案件最後說的名字是一樣的，都叫做小印！」凱斯像發現嫌疑犯的向秋風報告新的發現。

「哦，那麼巧，又都是帳號被盜用，看來確實有些嫌疑，不過我們目前沒有任何證據。你還是先小心你的帳號密碼，並且多注意一下小印的行動，以免你們公司或者同事也受害。」秋風仔細的叮嚀凱斯要提升資安的防護並且注意一下這位可疑的同事。

「好的！之後我會更小心他，希望能抓到他的小辮子，讓我也變成一名偵探。哈哈！」凱斯半開玩笑的說。

「那一切自己小心囉，不過還是要有證據再說，以免冤枉好人啊！」

凱斯自從這次事件後，就很注意自己的帳號密碼的防護並且時常更換密碼。小印之後也沒有甚麼特別的舉動，但是依然獨來獨往的不太與人談話。一個月過後，小印就跟主管說個人有其他規劃離開了公司，凱斯也無法證明他是不是就是文先生口中的人。

第五章

旅行的意義

「Eagle Eyes」轉眼間也成立了半年，上次順利解決文先生的案子後，因為文先生平常有寫部落格的習慣，將這次經驗分享上網路後，越來越多人找 Eagle Eyes 解決數位相關的案件。忙了一段時間，Eagle Eyes 終於得有個難得的休假，卻來了一個毫無預警的人物。

「叮咚！叮咚！」一大清早，Eagle Eyes 的大門傳來一陣急促的門鈴聲。

「請問有人在嗎？」一名女子在門外呼喊著。

前晚因徹夜分析案件資料正在沙發上補眠的秋風，聽到聲響馬上從沙發上彈跳了起來。難得排了個休假日，秋風想著偷了一天假，該好好地休息，怎麼會這樣呢！
「叮咚！叮咚！」門鈴聲依然作響。

「這裡是 Eagle Eyes 數位徵信社，目前還沒到營業時間，請問有什麼事嗎？」充滿睡意的秋風本想說今天休假卻本能地按著對講機回答道。

「您好，我是國際刑警組織駐台特派員[1]，敝姓安，請問秋風先生在嗎？」女子回答道。

---

1 國際刑警組織：成立於 1923 年，總部設於法國里昂，目前共有 186 個成員國，是僅次於聯合國外，規模第二大的國際性組織。其目標為跨國性組織犯罪、毒品、走私軍火、人口販運、洗錢、兒童色情、高科技罪案及貪污等罪案。台灣於民國 50 年申請加入，於民國 73 年因對岸因素被迫退出，但目前仍由刑事局國際刑警科與國際刑警組織中央局保持犯罪情資交換。

聽到女子所說的話，秋風頓時睡意全消。

「國際刑警組織？妳…不會是詐騙集團吧！」 秋風帶著一點驚訝的口吻問道。

聽到秋風的答聲，女子噗嗤一笑。

「我是真的假的，做為徵信社偵探的您們應該有能力分辨吧。」女子回應道。

「我想大清早冒充一個赫赫有名的國際組織成員，來這間不起眼的徵信社詐騙的可能性微乎其微。」秋風一邊搔著頭不好意思的回答著，一邊打開門邀請該名女子進入。

「您就是秋風先生嗎？那位大名鼎鼎的數位偵探？」安刑警問道。

「我就是秋風，可是我不記得什麼時候我的名氣響亮到連國際刑警組織都派人來找我？」秋風疑問道。

「先跟您自我介紹一下，我從小便前往美國留學，並學習刑事與科技的研究，因為身為台灣人，而被委派至國際刑警組織台灣連絡處。其實我是在兩年前的一場國際科技研討會上認識了凱斯，當時他看起來像個充滿好奇心的學生，之後我們就變成無話不談的好朋友。前幾天我們一起聚餐的時候，偶然談起最近正為追緝一起國際駭客案件煩惱不已，凱斯建議我到這兒尋找一名叫秋風的數位偵探，或許能為案件提供破案

的契機。」安刑警仔細地說明來訪的緣由。

「從安刑警一大清早就來拜訪這點來看，莫非是案件有了變化？」秋風問道。

「看來我果然沒找錯人，您推測的不錯，詳細的狀況，我們回辦公室再談，車子已經在外頭了，隨時都可以出發。」安刑警回答著，並且朝窗外一指，一輛 BMW 的黑頭車正停在門外，發出陣陣的引擎聲。

「這⋯不愧是國際刑警組織，辦事真有效率，妳先回車上稍待，我交代一下事情，隨後就到。」秋風一邊回答著，一邊走回屋內敲了敲昨天同樣熬夜辦公的小傑工作室大喊著。

「小傑，我出去辦案，午餐前應該不會回來，桌上的資料你等柯小齊回來時一起幫我整理一下。」

「好的，我等他回來在一起去整理。」房間裡傳來助手小傑的回應。

秋風帶著一點緊張的心情，隨著安刑警前往國際刑警組織在台聯絡處。約莫一小時後，秋風、安刑警與司機一行人駛進了臺北市最精華的地段－信義區的一棟玻璃帷幕大樓地下停車場。

「秋風先生，我們到了，辦公室設在十二樓，請隨我來。」安刑警俐落地下了車，帶著秋風搭上電梯直達十二樓。

「沒想到，國際刑警組織的分部竟然隱身在臺北市最繁華的區域。」秋風說道。

「這兒是國際刑警組織專門處理跨國資訊犯罪事件的專責單位，對外我們是以科技公司的名義登記，會選擇在此設立這個部門的原因，主要是因為臺灣每年遭受駭客攻擊的統計次數在國際上名列前茅，而這兒提供的資安防護技術及人才也是最頂尖的。」安刑警微笑著回應道。

「的確，從我踏入十二樓後，這一路上建置的機房和保密設施著實令我嘆為觀止。」秋風邊說邊四處張望著。

「有關此次要請您協助的案件資料，目前都保存在專案小組的辦公室中，請跟我來。」安刑警保持一貫的微笑回應著秋風，並且稍微加快腳步。

隨著安刑警的腳步，秋風穿過了一道長廊，並在一間透明玻璃門的辦公室前停下，而門旁掛著一幅金色的牌子，上頭寫著「第三案情分析室」。

「秋風先生，在進入辦公室前必須提醒您一點注意事項，為了防止機密訊息外洩，在各辦公室出入口都有設置特殊的感應裝置，一旦有未經授權的電子設備進出時，都會被進行消磁處理，麻煩您身上若有像是手機的電子設備請先置放在外側的保管箱中。」安刑警說道。

聽完安刑警的說明，秋風將全身上下唯一的一部電子裝備－手機放

入了門旁的保管箱，並跟隨著安刑警進入辦公室。辦公室約有三十坪大小，並隔成數個大小不一的 OA，當天共有六名成員上班，每個人都專注地埋首於工作中。

「秋風先生，案件的資料都儲存於這台電腦工作站中，包含了一則我們從知名駭客論壇中截獲的一則公告及相關可疑人士在 FACEBOOK 及 TWITTER 等社交網路所留下的訊息紀錄，據我們掌握的情資顯示，該駭客組織可能還參與了 2007 年愛沙尼亞的國際駭客攻擊事件[2]。」安刑警一邊解說一邊熟練著操作著電腦，將相關案情紀錄顯示在螢幕上。

秋風依照著安刑警的指示，開啓了公告的訊息文件，電腦畫面上顯示著以下的訊息：

Our Successful Action

Service on the Bank of America site has been temporarily halted while we investigate a security breach. Our action found several obvious vulnerabilities caused by unsafe passwords and an early beta version of network system. To the best of our knowledge, it appears that no personal data was compromised. Any further updates will be posted on this page. We apologize for any inconvenience and hope to have the game back online.

qw flv zukef ft npedi qx hqlt ut ftvvupl uzeyygngsx uzemaq

---

2 國際刑警組織：成立於 1923 年，總部設於法國里昂，目前共有 186 個成員國，是僅次於聯合國外，規模第二大的國際性組織。其目標為跨國性組織犯罪、毒品、走私軍火、人口販運、洗錢、兒童色情、高科技罪案及貪污等罪案。台灣於民國 50 年申請加入，於民國 73 年因對岸因素被迫退出，但目前仍由刑事局國際刑警科與國際刑警組織中央局保持犯罪情資交換。

「這則訊息發布在這個論壇上，看似是一名白帽駭客[3]所為，但是在訊息最底下的一行字母，並不像是任何語言的拼字，十分的可疑。」秋風分析道。

「我們詢問了美國銀行的網路資安部門，最近確實偵測到幾筆異常的登入活動紀錄，同時，也注意到訊息下方的文字，但目前仍無所獲。」安刑警說明著目前偵辦的進度。

「我想案情的關鍵很有可能隱藏在其他檔案之中，我需要一點時間分析，方便讓我將資料帶回徵信社研究嗎？」

「當然可以，但是為了避免機密資料外洩，我們會把案件資料儲存在一個加密隨身碟中，以及提供您一套專門讀取的電腦平台，希望您能配合。」

「妳放心吧！身為一個偵探這點職業倫理是基本的，妳會找我來幫忙，相信妳對我也有足夠的信任吧！」秋風以堅定的語氣說道。

「這是當然，我馬上請同仁準備相關的資料及設備，請稍待一會。」安刑警點點頭轉身請一名同事進入辦公室後方的機房準備，約五分鐘後，該名同事將隨身碟及電腦交予秋風。

---

3 愛沙尼亞駭客事件：指從 2007 年 4 月底開始，波羅的海三小國之一的愛沙尼亞面對大規模的網路襲擊。駭客主要採取的手法有置換頁面攻擊及分散式阻斷服務（DDoS）等，目標涵蓋國會、政府部門、銀行、媒體網站及通訊公司，被各國專家視為第一場國家層次的網路戰爭。

「秋風先生，我看時間也接近用餐時間，為了感謝您的幫忙，是否有這個榮幸邀請您共進午餐？」安刑警保持一貫的微笑邀請秋風。

「感謝妳熱情的邀請，不過剛才在看了案件相關的資料後，我現在一股腦兒只想趕快回到我的辦公室開始進行分析，可以麻煩妳先送我回去嗎？」秋風回以同樣的微笑道。

「聽到您這麼說，我想破案也是指日可待，我馬上聯絡司機送您回事務所。」安刑警見秋風積極的處理態度於是換個心情說著。

「麻煩妳了！」

回到事務所的秋風，請小傑在門口貼上了昨夜遺忘掛上的公休公告，一股腦地投入從國際刑警組織帶回的案件資料。

三天後，一聲巨大的喊叫聲劃破清晨的寧靜。

「小傑！小傑！快起床了。」秋風喊叫道。

「秋風大老闆，這麼早有什麼事？」徹夜熬夜處理案件的小傑揉揉眼睛回應道。

「快幫我聯絡安刑警，說我有重大的發現。」

小傑從秋風凌亂的辦公桌上翻出了安刑警留下的名片，聯絡了安刑

警，約二十分鐘後，與三天前同一部的 BMW 的黑頭車出現在事務所門口。正當安刑警準備從車上下來時，秋風早已準備好在大門口等待。

「客套話就不用說了，我們趕快回辦公室說明我的發現。」

車子駛向了國際刑警組織位於信義區的分部，重回三天前的辦公室，秋風俐落地開啟電腦，將案件資料顯示於螢幕上。

「現在我要開始說明我的發現，過程中如果有任何問題，安刑警可以隨時提問。」

「我洗耳恭聽您的發現，請開始吧！」

「那天看完那則奇怪的訊息公告後，我對於訊息下方那一行亂碼始終認為很可能是案情的關鍵，於是我過濾分析了檔案中數百則社交網路的訊息紀錄，找出了其中有一則訊息可能具有關連性。」

秋風從案件檔案中，開啟了編號為 731 號的檔案，內容顯示如下：

To Baron：
Remember we play hide-and-seek game in the Tokyo subway?
It disrupted the default setting trip.
Tokyo, Ginza, Shibuya, Shinjuku, Meiji-jingumae, Ikebukuro,
and Sakuradamon,
finally, we have a happy lunch in Tsukijishijo.

I was deeply touched by the scenery.
Look forward to the new trip!

Best Wises,
Charles

「這看起來像是一則紀錄兩人旅行過程的遊記。」安刑警看完內容後說道。

「沒錯，這篇訊息看起來是 Charles 寄給 Baron 抒發他們兩人在日本東京旅行的感想，然而不論是 Charles 或是 Baron 都不存在於原始社交網站帳號所有人的好友名單中，也沒有這兩人的相關訊息，卻重覆出現以此兩人屬名的訊息傳遞，這點十分令人起疑。」秋風指著螢幕上的兩個名字回應道。

「Charles 及 Baron 看起來是蠻普通的英文姓名，有什麼問題嗎？」

「這兩個名字在密碼界可是大有來頭的，妳有聽過『波雷費密碼』嗎？」

「很遺憾我對這方面涉獵不多。」安刑警攤攤手表示道。

「所謂的波雷費密碼 (Playfair Cipher) 是由英國人 Charles Wheastone 於 1854 年發明，並以其朋友 Baron Playfair 命名，英軍

曾經在第一次世界大戰中使用了這種加密法。」秋風十分仔細地解說
著。

「那波雷費密碼是如何運作的呢？」安刑警疑問道。

「我來舉個例子妳就了解了」秋風一邊說明一邊拿出了紙和筆畫著
密碼的運作方式。

「波雷費密碼的運作是透過一個金鑰矩陣來做明密文的轉換，而這
個金鑰矩陣必須符合三個條件：1. 為一個 5x5 大小的矩陣。2. 必須設
定不重複的密鑰字母。3. 先填入密鑰字母後，再將剩餘字母依序填入。
假設設定金鑰為『MONTHER』，則金鑰矩陣就會呈現以下的結果。」

A	B	C	D	E
F	G	H	I/J	K
L	M	N	O	P
Q	R	S	T	U
V	W	X	Y	Z

原始金鑰矩陣

M	O	N	T	H
E	R	A	B	C
D	F	G	I/J	K
L	P	Q	S	U
V	W	X	Y	Z

設定金鑰 "MONTHER"

「接著依照下列的規則，每次將兩個字母轉換為密文：1. 如果兩
個字母重複，則插入字母 x。2. 若兩個字母在同一列，則各自用右側字
母取代。3. 若兩個字母在同一行，則各自用下側字母取代。4 . 若兩個
字母在異行異列，則各自用同列異行的字母取代。舉例而言，當金鑰

爲 "MONTHER" 時，若明文爲 "I LOVE YOU" 則轉換爲密文的過程，首先，進行分組 "IL OV EY OU"，接著依照金鑰矩陣及規則，得出密文爲 "DS MW BV HP"。」

「所以要破解這個加密法的關鍵在於如何找出金鑰矩陣吧！」安刑警指著秋風畫在紙上的圖說道。

「不愧是國際刑警組織的專業人士，一眼就看出了重點，關於這點，我也已經找出了破解的方法了。」秋風帶著一點自信的口吻說道。

「眞的嗎，快告訴我！」安刑警急切地回應道。

「別急，解開秘密的金鑰就在這紙上。」

秋風從公事包中拿出了一張約 A4 大小的紙，上面標明著「東京地鐵路線圖」。

「妳有到過日本東京旅遊過嗎？」秋風詢問道。

「大約三年前，我曾經赴日本參加了一場國際會議，我想東京地鐵的複雜程度應該和台北捷運不相上下。」安刑警想了想說道。

「呵呵！聽到外國友人把台北捷運和擁有近九十年歷史的東京地鐵相比，身爲台北市的居民，我應該感到十分榮幸。不說這個了，妳仔細看看東京地鐵的命名方式。」

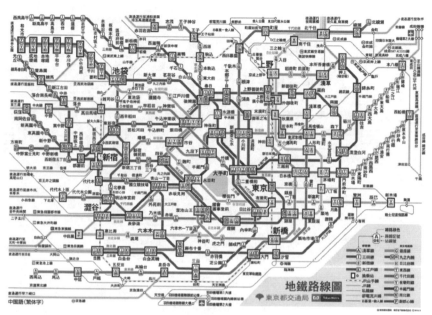

東京地鐵路線圖 (中文版)

「地鐵站的站名除了地名外，各支線均有一個不重覆的英文字母做代表，並從起點開始依序編號。」安刑警仔細的端詳了地鐵路線圖，說出了自己的看法。

「嗯，分析的十分詳盡，東京地鐵的站名是由地名 - 英文字母 - 編號的結構所組成。以新宿為例，由於它由三條支線交會而成，因此，F13、S02 及 M09 都可以代表地鐵新宿站，還記得之前那則看似旅遊記事的訊息嗎？」

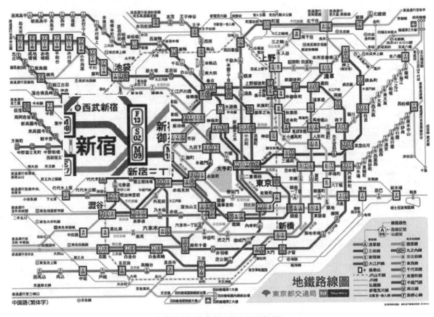

東京地鐵路線圖 - 新宿站

「裡頭似乎提到許多的地名。」

「沒錯！而且這些地名都剛好設有地鐵站，我嘗試將地名轉換成地鐵站的中文名稱及編號代碼，並且依照地鐵站轉乘的路途，得出以下的結果。」

（訊息原文）*Tokyo, Ginza, Shibuya, Shinjuku, Meiji-jingumae, Ikebukuro, and Sakuradamon, finally, we have a happy lunch in Tsukijishijo.*

（中文翻譯）東京 -> 銀座 -> 澀谷 -> 新宿 -> 明治神宮 -> 池袋 -> 櫻田門 -> 築地市場

（代碼轉換）M17-> M16　G09-> G01　F16- >F13-> F15-> F09　Y09-> Y17 ->Y21　E16-> E18。

「這跟波雷費密碼的金鑰矩陣很類似耶！」

「觀察得不錯，而在訊息中出現了這樣的一行字 "It disrupted the default setting trip." 如果將波雷費密碼原始的金鑰矩陣，再依照地鐵站代碼進行轉換，依序交換各個字母的位置，可以得出一個新的金鑰矩陣，為了讓妳更瞭解，我把過程直接畫給妳看。」

A	B	C	D	E
F	G	H	I/J	K
L	M	N	O	P
Q	R	S	T	U
V	W	X	Y	Z

原始金鑰矩陣

01	02	03	04	05
06	07	08	09	10
11	12	13	14	15
16	17	18	19	20
21	22	23	24	25

金鑰矩陣對應位置編號

「還記得之前論壇公告訊息下方的亂碼嗎？我們依據推理出的結果金鑰矩陣，並將亂碼訊息做為密文，進行波雷費密碼的解密步驟，得出以下的結果：

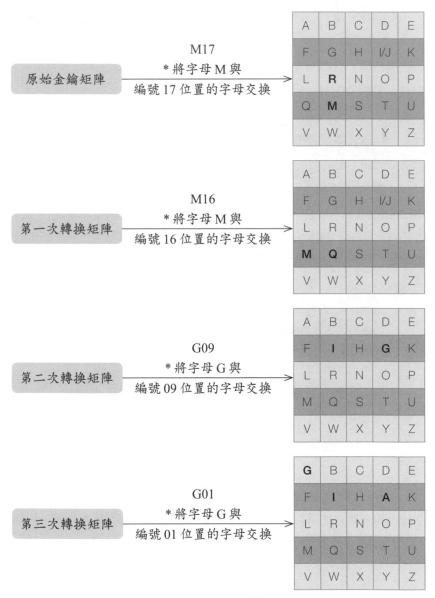

第一次轉換至第三次轉換矩陣

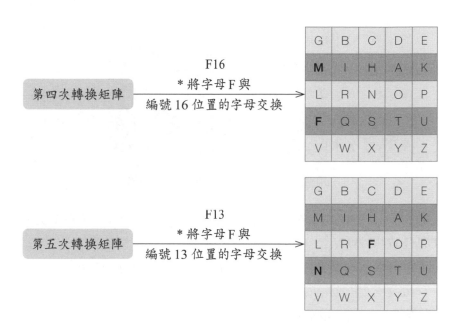

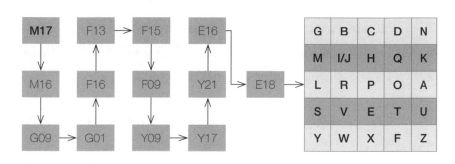

依地鐵站代碼依序轉換矩陣

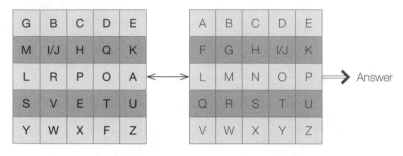

利用轉換完成的矩陣以及原始矩陣進行解密

（訊息原文）*QW FLV ZUKEF FT NPEDI QX HQLT UT FTVVUPL UZEYYGNGSX UZEMAQ*

（重新分組）*QW FL VZ UK EF FT NP ED IQ XH QL TU TF TV VU PL UZ EY YG NG SX UZ EM AQ*

（代換字母）*if yo uw an tx to ca tc hm ec om et ot es st ra au sx sy dn ey au sh ok*。」

　　「"If you want to catch me come to TesStra AusSydney Aush0k" 原來這就是這行亂碼的真面目，太好了，秋風先生妳真是福爾摩斯再世啊！」安刑警興奮地握起了秋風的手說道。

　　「不敢當，後續的偵辦工作就交給妳們了。」秋風滿臉通紅回應道。

　　或許是察覺自己有些失態，安刑警趕緊放開手退了一步，向秋風鞠了一個躬。

「真的是太感謝您的協助了！」安刑警說道。

「安刑警妳太客氣了，能爲國際刑警盡一點力我也感到與有榮焉，希望未來還有合作的機會，沒其他的事的話，我想我需要先回事務所休息了。」秋風忍不住打了個哈欠回應道。

「OK！我馬上聯絡司機送您回徵信社。」安刑警微笑回應道。

在秋風離去後，安刑警馬上聯絡位於澳洲的國際刑警分部，原來TesStra 爲澳洲最大的電信商，國際刑警成員與澳洲警方合作，找出了該企業確實存在一名使用 "Aushok" 爲 TWITTER 帳戶名的員工，並且逮捕了該名駭客，而該名駭客因爲過於自信而留下了個人訊息，成爲偵辦的重要線索。

案件解決後，秋風將這次偵辦的經驗分享給助手小傑以及柯小齊，並請他們將資料整理成一個參考案例。常來湊熱鬧的凱斯聽聞徵信社又解決了一個大案件，找了 KUSO 一起到了徵信社想聽秋風說一下和國際刑警一起辦案的感覺如何。雖然兩人對於其中的密碼學知識一知半解，但是都對於破案的過程感到十分精采刺激，此後，也更常到 Eagle Eyes 閒晃。有著「醉翁之意不在酒」名目，而是來 Eagle Eyes 學點鑑識技巧。

筆記欄

第六章

亂碼裡的玄奇

　　凱斯以及 KUSO 經過這段時間的見習以及學習儼然可以做為助手幫忙一些簡單的事件以及文件，正好幫助 Eagle Eyes 案件過多的情況。

　　「KUSO，你又來幫忙了啊！真是太感謝你了！」秋風剛處理完案件走回辦公室看到 KUSO 開心的問候。

　　「幫個忙也不算甚麼啊，我之前跟著凱斯一起來，你們也一樣大方的教我，而且我也是來學習的啊！」

　　「哈哈，不管怎樣還是感謝你，這是我新印的名片，剛出爐熱騰騰的，給你一張吧！另外一張你幫我拿給凱斯吧！」秋風將新拿到的名片拿給 KUSO。

　　「好啊，凱斯剛好這幾天去宜蘭遊玩，等他回來我就拿給他。咦，好特別的名片唷，上面還有 QR-Code 呢！」KUSO 看著名片覺得非常特別。

　　「是啊，這個 QR-Code 還是我們 Eagle Eyes 最懂 QR-Code 的小傑幫忙設計的呢，除了一般的 QR-Code 功能，外觀中間還設計了一點小圖案，好看吧！」

　　「哎唷，我怎麼聽到有人講到我的名字，是不是在講我壞話啊？」小傑也正好從外面回來，正巧聽到有人在討論她。

「怎麼會是說你壞話呢，而是說你設計的 QR-Code 很特別，不過這個 QR-Code 中間加上其它圖案不會有任何影響嗎？」KUSO 看到小傑回來，又開始發問。

「不會有任何影響啦，你對 QR-Code 瞭解多少呢？我先聽聽看你瞭解的程度，在來跟你說你不懂的地方。」小傑以玩笑的口吻詢問KUSO。

「我對於它的瞭解程度只有它是從一維條碼演化過來的，一開始也是用在各行各業的存貨管理中。不過目前 QR-Code 搭配智慧型手機的普及以及被運用在廣告文宣、快速網路購物、下載連結甚至是手機通訊App 的登入功能上了。」KUSO 講得頭頭是道。

「咦，看來你也蠻瞭解的嘛！你也對 QR-Code 有些研究嗎？」小傑好奇的問。

「還好啦，大學專題有一部份剛好有運用到 QR-Code。」KUSO露出得意的神情。

「這樣你們可以好好討論了，QR-Code 的問題問小傑就對了，她對這方面可有很深的研究呢！你們先聊，我先進去處理其他案件了。」秋風很開心看到徵信社中的助手們可以這樣交流知識。

「那你知道中間有圖案的話不會影響 QR-Code 的原因嗎？」小傑繼續與 KUSO 討論。

　　「這個我就不太瞭解了，麻煩大師賜教！」KUSO 擺出一個搞笑的動作邊請小傑教他。

　　「那我就來跟你講為什麼中間有圖案不會有影響吧，你看這是個普通的 QR-Code，我在上面標了七個編號，Code 主要由七個部分組成。」小傑拿出自己的智慧型手機展現普通的 QR-Code 給 KUSO 看。

QR code 結構圖

　　「我常常看到這種 QR-Code，七個部分分別是那些呢？」

　　「首先一個 QR-Code 要被正確的掃描最重要的就是位置偵測圖案，就是我編的 1 號部分的三個最大的『回』字，由於這三個圖案，使得我們拿手機在掃瞄 QR-Code 的時候不用特地調整鏡頭方向，掃描器就可以正確判讀。」

「難怪我平常也沒把 QR-Code 擺正也可以正確掃描，原來是這三個圖案的功勞。」KUSO 對於 QR-Code 的掃描原理恍然大悟。

「是啊，這是它與一維條碼不同的地方，另外 2 號部分是版本資訊；3 號部分是調準圖，幫助 QR-Code 的定位調校；4 號部分幫助掃描氣判斷黑白單元的比率；5 號部分則說明 QR-Code 的容錯率、儲存資料的類型等。」

「容錯率就是說 QR-Code 可以有一定程度的錯誤囉？這就是中間可以插入其他圖案的原因嗎？」KUSO 聽到容錯率馬上反應過來一開始問的問題。

「沒錯，算你聰明，6 號部分就是用來儲存資料以及幫助修正錯誤的地方。7 號部分就是空白區域是讓掃描更加順利。因此 QR-Code 可以有些微錯誤就是因為具有容錯率以及儲存資料幫助修正錯誤的地方。QR-Code 的容錯率又分成 7%、15%、25% 以及 30%。」小傑開心的與 KUSO 討論。

「原來如此，除了容錯率跟圖形不用擺正外，還有甚麼特點呢？」

「有的！它比起一維條碼最大的特點就是它的資料容量遠大於一維條碼可以儲存的資料容量。」

QR code 最大資料容量

QR code(Version 40，character)	
數字	7089
字母	4296
二進位數	2953bytes
日本漢字/片假名	1817(Shift JIS)
中國漢字	984（UTF-8）
	1800（BIG-5）

「真是太厲害了，也難怪它現在被大家廣泛應用。」

「那你知道 QR-Code 的應用部分有哪些嗎？」

「我當然知道啊，有文字傳輸、數位內容下載跟網址快速連結，我也是有做一些功課的！」KUSO 得意的說。

「哈哈，不愧在我們這邊學習了一段時間，不過除了這些，它最近還用在身分鑑別以及商業交易唷，像是 LINE 的電腦版登入以及高鐵車票的掃描。」

就在小傑以及 KUSO 繼續討論有關 QR-Code 的應用以及方便的時候，小傑桌上的電話響了，表示又有案件進來了，小傑馬上接起電話向顧客詢問有甚麼可以幫助的。

「您好，這裡是 Eagle Eyes 徵信社，有甚麼可以幫助你的嗎？」小傑一接起電話馬上轉成專業認真的語氣。

「小姐…你好…我想請問一下你們有在受理線上遊戲寶物被盜取的案件嗎…？」

「線上遊戲…？你可以直接去派出所報案後或者與遊戲公司反應，應該就可以取回被拿走的寶物了吧？」小傑依稀記得目前線上遊戲寶物被盜取都已經有一套作業流程。

「是這樣的…因為我註冊的時候的資料都是亂填的，我無法證明帳號就是我的，所以我也不知道接下來該怎麼辦，我有一群朋友都跟我一樣遇到這個問題，又看到有部落客推薦你們這個有關電腦事件的數位徵信社，不知道你們是否有方法可以幫助我們？」電話那頭的顧客著急的訴說著想要徵信社幫忙的原因。

「這樣呀，不如我們先約個時間、地點坐下來討論一下詳細情形好了。」

小傑與對方留了連絡方式、基本資料以及約定的時間地點後便掛上電話並且詢問 KUSO 是否要當他的助手一同處理這次的案件。KUSO 當然馬上點頭答應，兩人在隔天到了徵信社對面的咖啡廳與顧客見面，由於約定的時間很早，因此店裡除了兩人就沒有其他顧客了。

「不好意思…請問兩位是 Eagle Eyes 徵信社的人嗎？」一名男子看著坐在位置上的 KUSO 以及小傑。

「是的，你就是昨天打電話來的鄧先生吧！請坐請坐，可以麻煩你

跟我們詳細講一下整件事情嗎？」小傑詢問站著的男子。

「嗯…其實怎麼被盜用帳號的我也不太清楚，不過最近不管是遊戲裡面的朋友還是現實生活中的朋友都多少有遇到這件事情。」鄧先生難過的說。

「這樣啊…那你是否記得在被盜用前有用過他人的電腦或者瀏覽甚麼網頁或者電子郵件嗎？」小傑認為鄧先生沒注意到的小事情可能是主要的線索，繼續詢問鄧先生事情發生前的行為。

「我想想喔…我平常沒有在收 EMail，網頁的話也就是FACEBOOK，電腦都用家裡面的，畢竟去網咖還要花錢。要說真的有瀏覽甚麼網頁的話可能也只是填寫官方網頁贈送虛寶的問卷吧，不過每次這種活動我都不會抽到頭獎就是了。」

「贈送虛寶？是最近的事情嗎？我昨天特地瀏覽了一下官方的網頁並沒有看到這個活動啊。」小傑發現鄧先生的說法跟他昨天看到的網頁不太相同。

「有啊，就在網頁右邊有一個 QR-Code，剛好我有帶筆電來，開網頁給你看。那個網址還是遊戲中的朋友跟我講的，說很少人發現這個活動，抽獎的人少得獎的機率就高了。」鄧先生說著便把他的筆電打開並且開啟了網頁。

鄧先生掃描 QR code 之網頁

「鄧先生，這看起來確實會令人覺得是官方網頁，不過你是否有注意到網址與官方網頁不太相同，這可能是一個詐騙的網頁。」小傑仔細觀察後發現問題的所在。

「咦，不是官方網頁嗎？當初我那個朋友跟我說這是官方網頁連過來的，官網為了讓大家多注意官網所以沒有放在另一個網址。」

「不然我們可以去找找官方網頁是否有連結可以連過來這個網頁，另外這個 QR-Code 掃描後你有仔細看手機上的連結嗎？如果是官方網頁的活動應該又會導回去原本的官方網頁。」

「沒有耶，我就拿手機掃描一下就進入問卷的畫面呀！當初想說一定要得頭獎還多給了幾個朋友這個連結，該不會是我害了我的朋友們

吧！」鄧先生一臉懊惱的樣子，小傑看了問卷內容，問卷最後還讓使用者留下帳號密碼。

手機掃瞄 QR-Code 後之問卷

「根據我看這個問卷內容的畫面，一般來講如果只是問卷的話，遊戲公司頂多要你填寫帳號以及信箱，應該不會要你填寫密碼才對。因此當初給你這個網址的朋友就是為了騙取你的遊戲寶物，你是否跟那個人很熟？」小傑觀察問卷後與鄧先生解釋。

「很熟？也沒有耶，只是遊戲中同一個 Team 的新加入的夥伴，

難怪我們那個 Team 很多人帳號都被盜用了，因為他當初就是在 Team 的對話頻道跟我們說這個連結的。」鄧先生回想起來當初看到頭獎獎項就馬上連結到網頁填寫問卷就覺得自己非常愚蠢。

「這樣啊，根據你所說，應該有多人受騙，這可能是個詐欺事件，我們會跟認識的警方以及遊戲業者連絡，看是否可以針對這件事情查出嫌疑人是誰。」

小傑與鄧先生說明相關費用以及之後有進展時會馬上連絡鄧先生便與鄧先生道別，並且與 KUSO 前往尋找經常合作的警察朋友跟他說明這件事情的案情。由於 Eagle Eyes 最近接獲了許多案件，有時候案件中牽扯到一些需要警方的案件或者需要上法庭的案件，而 Eagle Eyes 也都將鑑識報告處理的非常完善，當過幾次法庭上的專家證人，進而也跟警方成為了合作夥伴。

警方與 KUSO、小傑見面後，認為這件事情確實牽扯到詐欺行為，因此也受理鄧先生以及他的朋友們報案，警方也進一步與遊戲廠商連繫過濾出近期虛擬寶物大量增加的玩家。警方一一清查後查到該非法者 IP 所在地，並依搜索票前往該名非法者家中搜索。

「嘿，小傑，我們今天來 IP 位址進行搜索，雖然我們阻止了嫌疑人關機可是他似乎有在我們進來的時候刪除或者關閉一些網頁，我們該怎麼辦？」警方的一名朋友打電話給小傑並且跟他說目前的調查進度。

「這樣啊，上次秋風有給你一個隨身碟，裡面有記憶體的鑑識軟體

　　"MANDIANT Memoryze" 中的 "MemoryDD.bat" 程式對那台主機做記憶體傾印的動作。這樣做才可以先把記憶體的資料擷取出來，以免你們之後關機資料消失。」

對非法者電腦進行記憶體傾映

　　警方在對非法者的電腦進行記憶體傾印後，隨即關機並且進行硬碟的映像檔複製以及扣押帶回警局，事後警方除了本身進行數位鑑識外，也連絡秋風來進行數位鑑識以證明數位證據的正當性。

　　「小傑，你們的案件我現在要去進行數位鑑識，你們跟我一起去看看好了。」秋風接到電話後走出自己的辦公室對著 KUSO 以及小傑說。

　　「好啊，我們也可以針對案情給一些意見。」小傑與 KUSO 說完便與秋風一起前往警局。

　　「嗨，秋風、小傑還有這位應該是 Eagle Eyes 的新人吧，等你們很久了，這些映像檔我們都有進行原始檔案的備份，所以你們可以開始操作了。」警局的好朋友張 sir 看見三人開心的說。

　　「好的，謝謝你啊，每次跟你合作都非常愉快，你總是把所有事情都準備好了。」秋風與張 sir 兩人寒暄了一段時間便開始操作。

　　秋風將記憶體傾印產生出的映像檔，載入到鑑識工具 "Encasc" 中進行分析，利用 "Encase" 的關鍵字搜尋功能，輸入小傑說的鄧先生的遊戲帳號、密碼等關鍵字 "posthotdog"、"touihf" 等。

Encase 設置關鍵字之介面

　　秋風利用"Search"中的一些功能來讓搜尋的結果更容易顯現，而"Search"操作畫面的左下方的"Compute hash value"則可在搜尋時同時計算該映像檔之 HASH 輸出值（稱之為 DIGEST），確保該映像檔之完整性。

Encase 設置搜尋之畫面

　　秋風等待搜尋結束後，選擇"Search Hits"功能，並將剛剛選擇的搜尋條件逐一打勾，接著在左下角選擇"HEX"即十六進位之編碼方式加以檢視，符合之關鍵字將會用黃底加以標示。他們也從中發現鄧

先生填入的資料。包括"posthotdog"、"touihf"、"fopto"相互
在鄰近的位置出現，除此之外，但從硬碟中的映像檔便沒有發現其他證
據，不過在非法者的 Google 文件中有發現使用者帳密的統計列表。

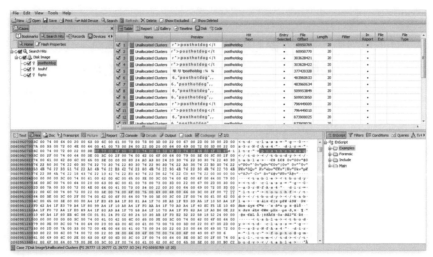

Encase 所搜尋到之關鍵字

非法者從問卷中蒐集的資料

「這是數位鑑識完成的結果，確實可以證明這個非法者有進行其他人的帳號密碼的盜取，而盜用的話是使用他的 IP 進行盜用的，這個文件也存在他的 Google 帳號中，因此他這次是罪證確鑿。」秋風與張 sir 說。

「原來我們就是少了對記憶體的映像檔進行數位鑑識，難怪我們沒有太多的發現，多虧了你們啊！難怪越來越多人找你們幫忙，那這次怎麼會有那麼多人受騙。」張 sir 對於有新的發現，懷著興奮的心情對著秋風說。

「手機掃瞄 QR-Code 可以輕易的解碼，就能輕易的取得相關資訊或是連接到對應的網站。對於不用另外輸入網址以及文字而言，使用者會很輕易的進行掃描。這是就是非法企圖者利用這些 QR-Code 的特性從事非法行為。」小傑聽到張 sir 的問題問到她的研究領域馬上搶著回答。

「那個非法者也蠻厲害的，可以自行製作網頁，而且他一定也具有一定的資訊背景吧。」KUSO 在旁邊問著張 sir。

「網頁的部分好像是別人幫他製作，他只是負責上網宣傳這些資訊並且收集這些帳號密碼，他說有人付錢給他做的，也不知道是誰，不過剛剛有個朋友說是代表他家人來瞭解狀況，說不定就是他。」

「原來只是個聽命辦事的人，這樣一定還會有類似的案件繼續上演，你說的那個朋友在哪裡啊？」小傑跟 KUSO 都覺得實在很想找到那始作俑者。

「就要走出門口的那個人啊，皮膚黑黑的，走在門右側的那個。好像聽到嫌疑人稱呼他為小印吧！」張 sir 手指向一個男子說。

「小傑，怎麼好像不是第一次聽到這個人，上次文先生的案件好像也有聽過這個名字。」秋風發現一些不對勁的地方。

「我剛剛聽到也這樣覺得，而且上次聽到你說你幫凱斯解決FACEBOOK 被盜用的案件，他有一名同事也叫小印，而且當初也懷疑他有嫌疑。如果兩個小印是同一個人，看來小印的主要業務可能不是單純的程式設計師，而且他也會撰寫網頁，加上前幾次的紀錄，他有可能主要在進行詐騙的行動，而且手法越來越高竿。」小傑將自己的想像說了出來。

「看來我們在其他案件空暇之餘，要好好問問凱斯對於這個人的瞭解，如果確實有可疑的話就要好好調查這個小印，以免越來越多人受騙或者受到傷害。」秋風的第六感告訴他小印將可能是棘手的人物後對著KUSO 以及小傑說。

筆記欄

第七章

LINE 的誘惑

　　夏日，「Eagle Eyes」辦公室傳出一陣呼喊聲劃破寧靜的午後。

　　「小傑、小傑…，有聽到嗎？上次我請你幫忙整理的案件日誌處理的如何了？」秋風略帶著急的口氣問道。

　　此時，花了好多時間排隊才買到最新型 iPhone 的小傑，正沉浸在當低頭族的喜悅中，手指飛快的回應著從手機通訊 App LINE 的各個聊天室中傳來的訊息。

　　「小傑，妳在玩什麼這麼專心啊？」發現好久沒得到回應的秋風，離開了辦公室，悄悄地走到了小傑的背後問道。

　　聽到秋風的聲音，小傑像是做壞事被發現一樣馬上從座位上彈起，手機還差點掉了。

　　「沒啦！正在和幾個在 LINE 上新認識的好友聊天。你剛才是不是有說到上次的案件日誌，我處理好了放在第 52 號案件櫃裡」小傑指向牆邊的案件櫃，目光仍然沒離開手機螢幕。

　　秋風對於小傑忘我地沉迷於新手機感到好氣又好笑，略感無奈地走向牆邊的案件櫃翻找著資料。

　　「對了小傑，看妳聊 LINE 聊得這麼開心，有沒有興趣花點時間，聽我分享之前我處理過的一個關於利用 LINE 進行犯罪的案子？」秋風停下了手邊的工作回頭問道。

「當然好啊，低頭族當久了，也該抬頭聽聽老闆開講增加點辦案經驗了！」

「我看其實是妳的手機快沒電了，才想要聽我說故事吧！不過沒關係，我就滿足一下妳殺時間空檔的求知慾好了。」

秋風從案件櫃中抽出編號第 36 號的案件夾，內容是一件偵辦以 LINE 進行詐騙的案件。

「由於 LINE 和 FACEBOOK 有相似的社交通訊網路的特性，因此，有關 LINE 犯罪的案件也存在著許多共通的模式，妳就對於 LINE 這套軟體的認識，嘗試著分析這張 LINE 犯罪流程圖有什麼特殊之處吧！」

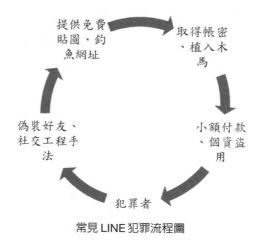

常見 LINE 犯罪流程圖

　　「就犯罪目的而言，都是希望取得被害人更隱私的個資，如帳戶、信用卡號等，或是騙取信任使被害人不知情下提供利益，如遊戲點數卡號、轉帳付款等；但是在犯罪手法上，因為 LINE 在聊天過程中提供貼圖及加入網址連結等功能，這使得犯罪者可利用作為犯罪的工具。」小傑仔細地分析道。

　　秋風連連點頭並且將案件夾中的資料取出，一一攤在桌上。

　　「不愧是我的助手，分析的十分有道理，這起案件的犯罪人『大宥』就是採取社交工程手法，在鎖定犯罪目標『小穎』及其好友『小承』後，從 FACEBOOK、Google Hack Search 等方式，蒐集其名稱、大頭貼、相關個資，再 LINE 中透過下載並換上『小承』之大頭貼，暱稱改成與其相同來進行身分冒充，妳看案件中 LINE 聊天室對話紀錄的截圖，假冒的好友『小承』傳送的訊息：『FACEBOOK 免費送貼圖，只要將此訊息轉寄周圍十五個好友，就可以免費領取價值一百的貼圖表情，領取網址為…』或是提供帳卡請求匯款等，都是可能使得『小穎』信任且不知情的狀態下，點選網址而被植入木馬程式、進入釣魚網站或是被詐騙小額匯款因而受害。」

夾帶惡意程式假網址及假冒身分的犯罪手法

「大部分會成為 LINE 的好友的關係都較為密切，警戒心也會較低，沒想到這些可惡的犯罪者利用了這樣的人性漏洞來詐騙，假如真的有人受騙了，我們有什麼因應的方式，讓這些犯罪者能被繩之以法呢？」小傑咬牙切齒道。

「這可就是問題的核心了，其實 LINE 也是智慧型手機的眾多 APP之一，在相關的犯罪案件上，也是透過手機鑑識的方式取得相關證據，你還記得手機鑑識有那些重點嗎？」

　　「首先，當然是確認欲進行鑑識的手機作業系統標的，選擇相應的工具及鑑識流程，接著依據一般數位鑑識的原則，進行備份、檢驗及分析吧！」小傑十分有信心地回答道。

　　「說得不錯，像是在這起案件中，我發現警方扣押的大宥手機是Androind 系統，於是我決定先採用 "Titanium Backup" 這套軟體，將手機中 LINE 的相關資料進行備份，以方便接下來的檢驗、分析的過程，至於 "Titanium Backup" 的使用方式我也詳細紀錄在案件資料中了，妳花點時間看看。」

　　小傑翻閱案件資料中有關 "Titanium Backup" 使用步驟。

Titanium Backup 使用說明

一、前置作業：取得 ROOT 權限

二、使用步驟：

Step 1. 開啟 Titanium Backup 可顯示手機上所有安裝的 APP，為備份原始手機上的 LINE 紀錄檔與設定值，選取 LINE 應用程式後來進行備份相關的主程式與設定。

Step 2. 回到 LINE 的備份對話盒，從「特殊功能」選項中，選取「傳送最新備份」，在選擇應用程式與資料（簡單匯入）欄位，這樣就可以將其檔案與設定整合為一個檔案，方便之後的匯入工作。

Step 3. 選擇透過何種方式將備份檔輸出至外部儲存空間，可由郵件寄送或是藍芽傳輸等等，以便進一步做相關萃取、鑑識工作。

Step 4. 將備份目的手機同樣經過 ROOT 程序及安裝 "Titanium Backup"，當備份檔案傳輸過來後，點選右上角的 MENU，叫出設定選單，然後在選單上點擊匯入備份（.TiBkp）選項，並選取剛剛備份的原始手機檔案。

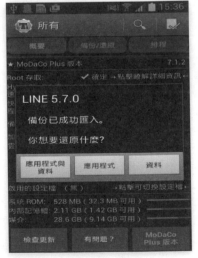

Step 5. 當出現「備份已成功匯入」訊息時，代表已經將備份檔匯入備份資料夾中，但尚未還原到手機系統內，因此接下來還要點擊（應用程式與資料）選項來還原 LINE 的檔案及設定值。

Step 6. 還原成功以後，會在通知列上跳出訊息提示，告知備份還原工作已完成，打開 LINE 之後就可發現和原始手機相同的聊天紀錄與設定，以利後續數位鑑識工作之進行。

　　「在完成手機資料的備份工作後，接下來就進入重頭戲，要開始檢驗和分析相關的資料，先從取得 ROOT 權限的手機中，"根目錄/root"裡的檔案，再透過以 "Titanium" 取得的備份將 LINE 的資料庫萃取出至一乾淨手機後，針對路徑 "/root/data/data/jp.naver.line.android/databases/naver_line"的檔案，藉由 DB Browser for "SQLite"去讀取，並匯入整個 App 資料庫的結構表，妳可以從 DB Browser for　"SQLite"讀取的畫面中，看見資料庫包含有語音電話紀錄、群組資訊、聯絡人、貼圖等。」

LINE 資料庫結構

「點入想查詢的表格後，可以瀏覽各項資料，如 Group 的表格裡
有群組名稱、創建人的 ID、創建時間等等。」

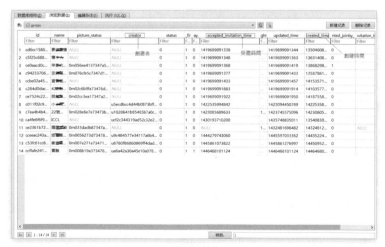

群組資料

　　「而最重要的聊天紀錄則儲存於　“chat_history”表格裡，裡面包含訊息是由誰傳送、內容、傳訊時間，透過 ID 的比對即可驗證其是否透過 LINE 來進行犯罪聯絡。」

chat_history

　　「而這個案件中，犯罪者大宥的手機，經過了備份、萃取原始的聊天紀錄後，從　“chat_history”查看和犯罪相關的聊天內容，像是我在資料上標註的聊天內容 1 和 2 其聊天對象皆是　“chat_id”為　“uf8ea519f907da7ed2f3decc57fb09c9”，再至名稱　“contact”的表格裡，去比對其　“chat_id”所對應的　“name”，即可得知聊天對象於 LINE 裡的名稱為小穎。」

Chat_history

Contact

　　「透過以上鑑識程序，記錄下聊天的內容及對象，並避免去破壞證據的原始性與完整性而影響其證據能力，即使大宥不斷抗辯根本沒有任何與小穎聊天的行為，但是透過聊天紀錄的還原，就可以發現並推斷其非法行為的關聯性，以進一步作為法院可採信的數位證據。」秋風總結道。

　　「今天真是學到寶貴的一課，感謝秋風老闆開講，我的 iPhone 也充滿電了，了解 LINE 的相關犯罪和鑑識方法後，我可以更安心地回去當低頭族聊 LINE。」小傑拿了手機作勢要回到位子上。

　　「看在妳將案件日誌整理得不錯的份上，這次就饒過妳，下次要是我找妳又裝作沒聽見，就扣妳薪水。」秋風敲了敲小傑的腦袋說道。

　　「遵命，老闆！」小傑吐了吐舌頭回應道。

　　笑聲裡，「Eagle Eyes 數位徵信社」度過一個愉快的午後！

筆記欄

第八章

數位身分證

　　一日復一日，Eagle Eyes 仍然接下數位相關的案件並且進行調查，但與前些日子不同的是，秋風另外成立了一個專案，並且請凱斯以及 KUSO 空閒時間來幫個忙一起處理專案。這個專案成立的原因是因為近期以來處理的一些案子中都與一名「小印」的男子扯上關係，並且案件的當事人都是受人指使或教導，因此秋風認為可能有個集團在幕後操控多個詐欺案件。

　　「至從上次盜用 FACEBOOK 的事件後，小印就離開了公司，而且公司每個人都說跟他不太熟悉，所以我也無法掌握他的蹤跡。」凱斯回想著他對與小印的瞭解。

　　「柯小齊，上次利用偽裝無線網路的那名中年男子，你有聯絡上他嗎？」秋風問著柯小齊。

　　「有的，聯絡上他後，他的說法跟上次沒有太大差別，他與小印是在網路遊戲中認識，暱稱就叫做小印。小印問那個男子要不要學習賺錢的方法，說可以收他一些學費教他，男子聽到這個方法後，只把他用來盜用 BBS 的帳號，並且發佈了許多謾罵主管的文章。」柯小齊說出他調查的結果。

　　「那他有說他怎麼將錢給小印的嗎？」秋風試著從調查結果中再找尋一些線索。

　　「那名中年男子說是利用網路遊戲告訴小印點數卡的遊戲序號，小印似乎是利用那些點數換取虛擬寶物再變賣現金。中年男子也說小印上

個月就沒有再上線過了。」

「看來線索又在這邊斷了，畢竟我們現在也沒有甚麼實質證據要求網路遊戲公司提供我們帳號資訊。KUSO，那上次那名嫌疑犯呢？」秋風思考著各種可能的追查方向。

「這名嫌犯嘴巴這麼大，呵呵反而硬了，口風也緊，甚麼都不肯說，問他認不認識小印，他雖然說沒聽過，不過依我看人多年的經驗，哈哈！閃爍的眼神表示他一定在說謊。」KUSO 逗趣的表情與語氣也讓會議室的氣氛轉而輕鬆些。

「雖然你這樣認為，不過這樣你那邊似乎是沒有甚麼進展吧，KUSO。」秋風開玩笑的說。

「秋風，我就知道你會這樣說，所以我藏了一手，我跟該名嫌犯的家人進行了聯絡，他們也很想找出到底是誰害他兒子走上這條歪路，所以他的家人拿他的手機拜託我們調查。」KUSO 得意的說。

「好樣的，KUSO，是那種手機呢？如果是 MAC 的 i 系列就可以交給柯小齊了。」秋風開心的說。

「這次柯小齊可能沒有大展身手的機會了，因爲手機是 Android 系統，這次可能就要請小傑出馬了。」

「咦，我嗎？不行啦！真的要的話也要有人陪我一起進行。」小傑

驚訝的說。

「好吧，看來還是需要我的，雖然系統不一樣，不過 Android 我也是有些研究的。」柯小齊自告奮勇要跟小傑一起對手機進行數位鑑識。

「那我們今天的專案會議就到這裡結束，等到下次再聽柯小齊與小傑為我們報告吧。」

柯小齊與小傑在會後開始討論這隻 Android 手機該如何進行鑑識，也去搜尋了一些相關資料，手機鑑識的流程其實與電腦的數位鑑識流程大同小異，只是在於鑑識工具以及一些證據存在的位置有所不同而已，如美國國家標準技術局 (National Institute of Standards and Technology, NIST) 提出的作業程序，可分為四個階段：

手機鑑識程序
(資料來源：Guidelines on Cell Phone Forensics, NIST,
http://csrc.nist.gov/publications/nistpubs/800-101/SP800-101.pdf

「所以你之前是使用那一款鑑識工具呢？因為我都是在進行 iOS 的數位鑑識，不知道 Android 的鑑識工具會不會有所差異，我知道有個軟體是 "MOBILedit!"，妳是用這個嗎？」柯小齊好奇的詢問小傑。

　　「我不是利用"MOBILedit!"耶，我都是利用"XRY"。不然我們輪流操作兩種不同的方法，再看看會不會有不一樣的結果好了，這樣我們也可以互相學習對方的操作方法。」小傑提議兩人輪流操作。

　　「好啊，那你先操作好了，可以吧。」柯小齊很快地回了小傑的提議。

　　「嗯嗯，"XRY"鑑識軟體是由瑞典 Micro Systemation 公司所研發之手機鑑識產品，目前已可支援超過 1400 種以上手機型號，而對各種不同型號手機支援程度也有所不同，對於你比較熟悉的 iOS 也可以進行數位鑑識呢！」小傑跟柯小齊先介紹有關"XRY"的功能。

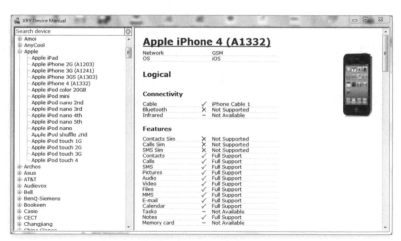

XRY 支援手機列表，其中也包含 Apple 產品

　　「原來如此，所以我以後也可以利用"XRY"來進行我 iOS 的數位鑑識了。」柯小齊興奮的說。

「那我們開始來操作吧，第一個步驟就是蒐集的動作囉！」

　　小傑與柯小齊開始進行操作 "XRY" 展開蒐集的步驟，由操作介面中點選萃取資料 (Extract Data)，藉由 "XRY Wizard" 的引導，可以一步步地選擇手機型號、連結方式及萃取方式等，並將備份的資料檔輸出，而後所有鑑識過程大多來自此備份檔，以免有任何更動手機原始資料檔之可能。處理完證據以及手機資料的蒐集後，小傑開始進行驗證與分析的步驟，利用 XRY 備份出來的資料檔進行分析。

　　「那我來考考你到底是不是非常專業，我剛剛看他可以選擇萃取方式，利用這些不同的方式我們總共可以得到幾種資料？」柯小齊開玩笑的問著小傑。

　　「咦，還好我很認真，早有準備，依照我們選擇的萃取方式及種類不同，可分為三種資料，分別是 SIM 卡、邏輯萃取資料、實體萃取資料。我們先來做 SIM 卡的資料萃取，之後再繼續進行邏輯萃取跟實體萃取吧！」小傑自信滿滿的說。

　　「好吧，算你認真，考不倒你。我們就開始進行資料萃取跟分析吧。」

　　柯小齊以及小傑首先對該台智慧型手機進行 SIM 卡資料的萃取以及分析。SIM 卡資料包括其 IMSI 碼、電話簿、網路連接參數等資料。除了 SIM 卡的身分證字號— IMSI 碼以外，最常見的電話簿以及簡訊內容也都很容易取得，少數較不為人知的資訊例如：Last Network 及

Last Area Code，可以讓我們得知此 SIM 卡是向那家電信業者要求服務，以及其最後一次連結基地台的編號，由此我們可以概括判斷出此手機曾經在該基地台的附近出現過。

SIM 卡儲存資料

「看來我們可以從這邊得知這個手機持有者聯絡人跟簡訊來往外，我們還可以知道他最後活動的地點，這點要記錄下來。」柯小齊看著資料分析哪些資料可以利用。

「是啊，其實手機現在都像是一台電腦，隨時記錄著你的行動。那我們來看看 SIM 卡以外在手機上有哪些資料吧！」「首先我們先試試看邏輯萃取吧。」小傑繼續操作 "XRY"。

　　「這個我也知道，邏輯萃取方式是對檔案系統上的所有實體資料進行萃取，將目前存在於手機上的所有檔案萃取出來，以邏輯萃取方式而得到的資料不論對犯罪調查或是一般手機備份都相當重要，如：簡訊、瀏覽紀錄、圖片、電子郵件、電話簿、GPS 定位資料等。」柯小齊將他對 iOS 的鑑識基礎跟小傑分享。

　　「沒錯，這種萃取方式雖然是從檔案系統中單純取出資料，但是支援手機的機型與程度也遠多於實體萃取方式，跟 SIM 卡的差別在於目前大部分的通訊資料以及簡訊、通訊錄都存在手機上面了，所以 SIM 卡的資料可能不夠全面性。你看，這邊就是他的通話紀錄、簡訊甚至是重要的 EMAIL 以及 GPS 定位。」小傑 開心的說著結果。

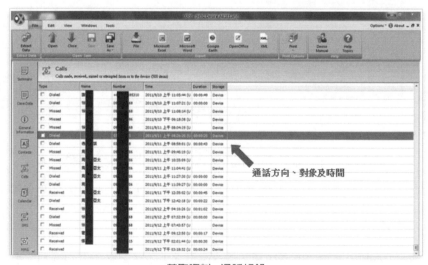

萃取資料 - 通話紀錄

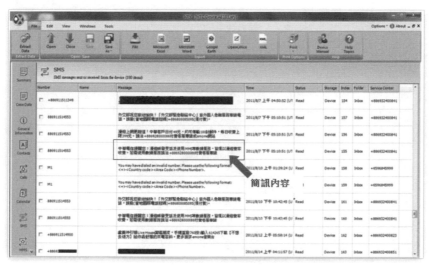

萃取資料-SMS 簡訊

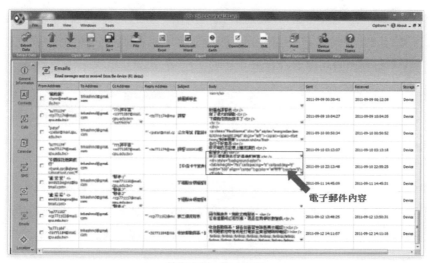

萃取資料 - 電子郵件

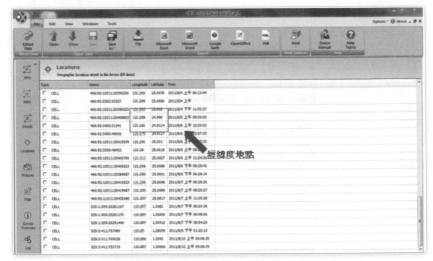

萃取資料-GPS定位(視手機是否支援定位功能)

「嗯，這些資料也可以讓我們進行分析，不過我記得邏輯萃取對於證據的調查有時候還是不夠的，因為他有可能會刪除一些手機內的檔案，所以我們應該要進行實體的萃取吧！」柯小齊提醒著小傑。

「對耶！看到這些資料不能就此滿足，還是多拿到一些資料比較好。」

「沒錯，因為一般情況而言我們將檔案刪除後，檔案實際資料並不會從磁區上消失，而是刪除其指向實際資料的位址索引，並且將該實際資料的空間重新劃分成可用空間。」柯小齊開始與小傑討論實體萃取的觀念。

　　「是啊，因爲邏輯萃取簡單來說就是使用者一般就可以看到的資料，而實體萃取，實體萃取方式則是將手機或記憶卡等記憶儲存體上所有位置的資料全部取出，利用這種方式我們可以掃描到被刪掉的檔案內容，並將擷取到的記憶體內容解碼還原成原始檔案，讓我們能取得一般使用者介面上看不見的證據。」小傑邊思考著邊說。

　　由於每種手機型號的架構及檔案系統不盡相同，解碼的支援程度也有限，因此有時候也只能取得零碎的記憶體資料而無法還原成檔案，"XRY"針對實體萃取支援的機型跟程度相較於邏輯萃取方式也少了許多，幸虧這次的手機"XRY"可以支援，因此小傑與柯小齊萃取後我們可取得 Block 3、4、5 的資料檔案，其中含有系統檔案、快取資料、使用者資料。

Android 手機不同區塊的資料類別

Block	contains
mtd0	Miscellaneous tasks
mtd1	Recovery image
mtd2	Boot partition
mtd3	System files
mtd4	Cache
mtd5	User data

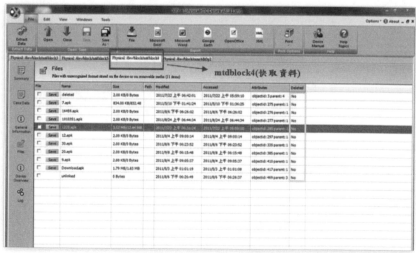

萃取資料 -mtdblock3(系統檔案)

萃取資料 -mtdblock4(快取資料)

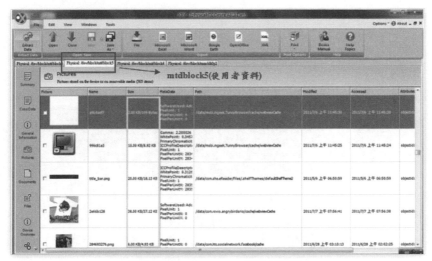

萃取資料 -mtdblock5 (使用者資料)

「這樣萃取出來的資料我們從中可以知道該檔案物件的屬性欄位，就可以知道他的狀態了。」小傑看著萃取出來的畫面說著。

「那我又要考考你了，你可以舉一些例子來說明這些屬性嗎？」柯小齊以前輩的口氣詢問小傑。

「還好我很認眞，不然這裡還眞不知所措，例如：objected(檔案的唯一識別碼)、parent(指向目錄的編號)，從 deleted 欄位也可以瞭解該檔案是否已遭刪除，另外也可以得知其實際的檔案大小與所佔的磁碟空間等資料。」

「不錯唷，其實我之前也有對邏輯萃取跟實體萃取的優缺點做一個

表格給要做手機鑑識的人參考，你看這張紙上面就是我列出來的優缺點。」柯小齊拿著一張 A4 紙跟小傑說。

邏輯與實體萃取方式之優缺點

	邏輯萃取	實體萃取
優點	幾乎能夠獲得大部分對犯罪偵查有幫助的資料，例如簡訊、瀏覽記錄、圖片、電子郵件、GPS資料等	較能夠找出遭刪除的簡訊、通聯記錄，也能較輕鬆地找出手機當中曾儲存的密碼
缺點	須取得手機最高權限無法獲得已遭刪除的簡訊和通聯記錄	須取得手機最高權限耗費時間久常常取得破碎不堪之資料

「真是太厲害了，竟然還幫大家整理。那我們接下來就將這些證據以及萃取出來的資料輸出成一份報告，在下次會議的時候跟大家一起討論吧！」小傑誇獎柯小齊，也有了一份初步的資料可以交差而興奮。

「嗯嗯，那就利用 "XRY" 將這些資料轉成 WORD、EXECL 等格式，也可以將取得之 GPS 定位資訊輸出為 Google Earth 使用的 "kmz" 格式並使用地圖來搭配分析。」柯小齊隨口附和著小傑說道。

兩人做完該手機的數位鑑識後，也跟秋風進行匯報，並且也討論了一下 "MOBILedit!" 軟體。 原來 "MOBILedit!" 軟體也提供手機資料的備份與還原、SIM 資料的檢視及輸出鑑識報告等功能，除此之外， "MOBILedit!" 提供使用者 PC 操作介面，讓使用者可以利用 PC 端控制行動電話，即使手機螢幕損壞我們仍能使用 "MOBILedit!" 對手機

進行操作，與"XRY"最大的不同點是其備份資料時可以僅選擇特定或單一資料夾，但無法提供實體萃取的解碼功能。

秋風看完兩人做完的鑑識報告後，當天便跟專案的人通知了明天下午在開一次專案會議，到了隔天開會時，秋風將報告影印多份發給每個人並且要求小傑做一個內容的詳細報告。

「這次的鑑識，我與柯小齊先將手機儲存體中的內容取出，並且從中找出有用之證據。如投影片上所述我們可以得到手機持有者與其他共犯傳遞的簡訊內容，並且將此作為證據以供調查之用。」小傑指著投影片上的圖片跟大家說明。

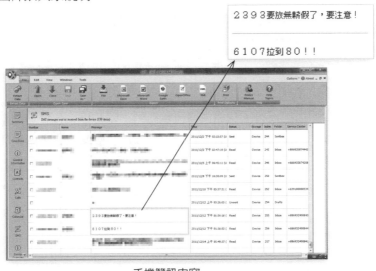

手機簡訊內容

「這個 "2393" 可能是他們進行詐騙的對象的代碼，也就是他們即將得逞的意思，另外我們也可以看到藉由通聯記錄的萃取，我們發現手機持有人於 9 月 11 日時與一名叫做『周志印』有短暫且密集聯絡之紀錄，凱斯的前同事小印的真正名字也是叫做周志印，因此我們可以大膽假設這個周志印就是我們在追查的小印，並且他們兩人當天有見面或者一些交談，從這裡我們也得到這個小印的手機號碼。」

「那我們該如何確定這兩個人是否有碰面呢？否則我們頂多只知道確實他與小印可能有關係，卻無法繼續追查下去。」凱斯好奇的問。

「等等呢，我還沒有說完，除了這些，我們還得到手機內的 GPS 坐標資料，而根據我們萃取到的經緯度定位資料，比對該日兩人密集通聯時間前後所定位之位置，找到 (121.181, 24.9114) 及 (121.175, 24.9117) 兩筆資料。」小傑看著他們做出的結果得意的說。

「根據這些資料，我們大概可以抓到小印有可能在哪邊活動過，那我們在密切的注意這些地方。再來根據他們的簡訊內容，看來他們是個專業分工的詐騙集團，我看小印在裡面的角色可能是個中間的幹部。如果繼續追查下去，我們可能可以成功破獲一個詐騙集團，那我們在跟張 sir 聯絡一下，看是否雙方有更多合作的機會吧！」秋風為這次的會議做了個總結。

「這次多虧了 KUSO、小傑以及柯小齊的幫助，這也證明了三個臭皮匠勝過一個諸葛亮，更何況他們三個都遠遠不只是臭皮匠的等級呢！」凱斯雖然沒有幫到甚麼忙，但看到有好結果也開心的說著。

　　根據手機所得到的資料，Eagle Eyes 更加努力於這個專案中，並且也排了一些處理案件以外的閒暇時間在座標點附近晃晃。終於他們在一個禮拜後發現了小印的身影，並且看到有多個年輕人與他一同上了一臺箱型車一陣子後，又各自往不同的方向離去，根據種種跡象 Eagle Eyes 更加確定小印所做的勾當絕對是不太正當的行為，而且這還是個多人集團，也使得 Eagle Eyes 更加注意近期的詐騙手法，以取得可以得到進一步的線索，藉此可以更深入追擊破獲這個集團的證據。

筆記欄

第九章

反鑑識的逆襲

　　一間商業大樓內的一個辦公室，有一群人正坐在會議室裡開會，這個辦公室外面並沒有掛任何公司行號的名牌，會議室裡面的人也都穿著一般，並不像一般公司都穿著襯衫，其中坐在主席位置的人臉色沉重的說出了第一句話。

　　「最近公司的業績怎麼會難看成這樣，而且人手怎麼越來越少？小印，尤其是你負責的項目，每個項目都只進行一兩個月就收手了，是你做事手法出糙還是怎樣？」坐在主席位置的黑衣男子凶狠的說。

　　「總經理，我也不想這樣一個接著一個項目收手啊，實在是不知道是現在民眾變聰明了還是有人故意找碴，我的每個項目得手以後過不久警察就找上門而斷了線。」小印無奈的說。

　　「哼！有那麼神奇，為什麼其他人就不會？我怎麼知道你是不是自己賺一賺就跟我說收手，然後繼續賺把錢放進口袋。」總經理看著小印的眼神，想知道這名經理是否有欺騙自己。

　　「總經理，冤枉啊！我這邊負責的項目真的是被人盯上或者破壞的，我自己撈的油水也越來越少，總經理將我從一名小公司的軟體工程師拉拔成月入百萬的經理，我怎麼敢暗地違背總經理做這種事情。」小印面帶恐懼的看著總經理。

　　「好吧！就算你這麼說，那為什麼警察總是可以找到線索或者證據，知道你們工作的地方，把你那邊的人跟我們賺到的錢帶走？你那個團隊裡面是不是有內賊呢？」總經理依然面帶不悅的看著小印。

「總經理，這點我也查過了，我們內部確實沒有內賊，至於警方最近為何可以盯我們公司盯的這麼緊。這一點，我也百思不得其解。」

就在小印繼續解釋的同時，有一名總經理的直屬部下進入了會議室並且把一個牛皮紙袋交給了總經理。總經理跟他小聲談話了一會也拿出了牛皮紙袋內的文件仔細看了一下，面帶沈重的不發一語。會議室的氣氛原本就因剛剛的對話而顯得詭異，總經理這一沉默又讓會議室內的空氣頓時凝結，冷的令人打個顫抖。

「總經理，是發生甚麼事情嗎…？」一名經理受不了這種氣氛帶來的壓力，以懼怕的心情打破沉默。

「發生甚麼事情，是沒有發生甚麼事情，只是在我開這個會之前就已經叫我的人手去查我們裡面到底有沒有人中飽私囊或是經理間內訌而跑去告密。」總經理說完環視了每位經理。

「總經理，我們絕對不會做這些事情的…!」

「總經理，冤枉啊，我們都是互相合作支援的！」

總經理此話一出，所有經理忙著解釋，每個人都深怕自己被貼上標籤。

「你們當中確實沒有這種人，整件事情經過我手下去詢問一些有力人士以及調查每次的失敗行動後，發現警方近來與一個新開張的徵信社

進行合作。這個徵信社跟一般的徵信社不同，是專門解決數位相關的案件，也因此大幅提昇警方的破案效率，也導致我們最近的行動無法順利推展。」

　　每位經理聽完都傻住了，一時之間也不知道該回答些甚麼，只能你看我我看你，誰也想不出有甚麼解決方法。總經理看著這情景，心裡雖然覺得是一群廢物，不過爲了激勵士氣也不多說甚麼。

　　「看你們這些人也想不出甚麼方法，爲了讓我們之後帳冊不要曝光，也避免追查到我們這些幹部，我這裡有一個方法可以讓警方難以找到我們行動的證據。」總經理帶著陰沈的笑容說著。

　　Eagle Eyes 近一個月除了平常的工作以外，也專心於詐騙案件以及追查小印跟小印所屬集團，成功的配合警方找到了案件的關鍵證據並且抓到集團中的幾個底層幹部。無奈這些幹部層級都太低，無法再繼續追查下去，只能繼續關心有無類似的詐騙案件或是跟小印有關的線索。

　　「秋風，這個禮拜有一個詐騙案件，我們循線索追查，沒想到嫌疑犯電腦裡面都找不到任何相關的證據。」凱斯及 KUSO 在定期的會報上將這個禮拜調查的一個案件說出來做討論。

　　「我這邊也是一樣，其他案件還好，但是有關詐騙的案件，追查到特定嫌疑犯的時候，他們的電腦中都沒有相關的檔案。」小傑也遇到相同的狀況。

「哦，看來這些詐騙集團手法越來越高明，有沒有可能是他們平常並不是透過那些電腦進行犯罪，又或者相關證據是在手機中？」秋風說。

「可是我看到的電腦在鑑識的當天都還有有人使用的軌跡，不過修改日期爲當天的檔案都是一些圖片或者是不相干的檔案。」凱斯無奈的回答。

「說到手機，最近那些疑犯與集團中的幹部聯絡時都使用非智慧型手機，頂多查到通聯紀錄以及相關 SMS 訊息，不過內容都還不能證明他們是同一集團的人員，也因爲如此手機中沒有 GPS 或手機通訊 APP 相關資料。」柯小齊補充有關手機方面的證據。

「看來前陣子我們一邊處理接到的案子一邊跟緊小印的行動讓他們起了戒心，使得他們的犯罪手法更加朝向智慧型犯罪發展。」秋風說完沉思了一會。

正在大家討論對方可能採取甚麼手法隱藏證據或是否利用虛擬機器、無痕瀏覽抑或是遠端桌面等方法使得本機端沒有任何證據時，秋風也聽著大家的分析並且詢問鑑識萃取出的相關資料以及報告進而排除討論時的盲點。

「除了剛剛講的那些，大家是否有發現甚麼平凡但是又不太對勁的地方呢？」秋風認爲既然對方不是採取剛剛說的那些方法，一定有其他的古怪之處。

「平凡又不太對勁…是類似魔鬼藏在細節裡嗎？我想想我可能覺得正常可是又有說不出來不對勁的地方…。」凱斯也頓時陷入苦思當中。

「凱斯，你剛剛是不是說當天有修改的檔案是圖片？」小傑似乎突然想到甚麼的看著凱斯。

「沒錯啊，可是就是一些風景照，可能是當天下載的吧。怎麼了嗎？」凱斯不覺得圖片有甚麼不對勁的地方。

「因為我這邊的案件也是發現當天修改的檔案也是一些風景照，總不可能那麼巧吧…。」小傑似乎發現一些不太尋常的巧合，秋風聽到後似乎想到甚麼。

「我看他們有可能利用的是反鑑識的手法。」秋風這句話一說出，眾人驚呼。

「反鑑識？我只知道數位鑑識，還有反鑑識的方法？」凱斯驚呼。

「是啊，有正必有反，反鑑識其實有很多方法，反鑑識即是針對數位鑑識過程進行攻擊，增加鑑識工作的困難度。反鑑識其用意與目的，可說是和鑑識工作背道而馳。」秋風開始解釋反鑑識的概念。

「數位鑑識的目的我們都知道，數位鑑識之目的在於專門負責蒐集、檢驗及分析。藉由保存電腦犯罪證據，並採集有意義的證據資訊或從片斷資料描繪事件的大略情形以進行現場重建。進而模擬犯罪手法，

過濾可疑嫌犯並反向進行追緝。那反鑑識的呢？」凱斯繼續對於這個新議題發問。

「反鑑識目的，即是運用各種方法去混淆、隱藏、消除犯罪者在犯罪現場所可能留下的任何犯罪證據或痕跡，甚至達到破壞、刪除數位證據，讓鑑識人員必須花費更多時間去找尋犯罪證據及可疑之蛛絲馬跡。反鑑識的用意，在於利用數位證據易修改特性，運用相關方法或工具改變原本數位證據本質，誤導執法人員調查方向。」秋風正經的說著反鑑識這門學問。

「哦，那不就是類似從事加密或者資訊隱藏工作嗎？」KUSO 想了一下得出這個結論。

「沒錯，這些只是其中的一部分，為了讓大家以後遇到反鑑識可以更加了解怎麼應付，我先跟大家說明一下反鑑識大概有那些部分。最常見的是資訊隱藏以及資料加密，另外還有資料破壞跟鑑識流程攻擊。」秋風接著說。

「資訊隱藏，是要怎麼『隱藏』？總不可能只是把檔案屬性設成隱藏那麼簡單吧！」凱斯對於這些完全沒有概念，一頭霧水的說。

「當然不是只有這樣。」秋風說。「資訊隱藏裡較知名的作法即是偽裝，利用各種偽裝技巧，將秘密訊息藏入正常的掩護體中，例如圖片、影音或其它常見檔案，在一般情況下，很難用肉眼判別在看似正常檔案中，是否嵌入任何隱藏之秘密訊息。剛剛你們說當天修改的檔案

都是圖片，有可能就是利用資訊隱藏的方法將他們犯罪的證據藏匿起來。」

「原來如此，所以資訊隱藏只有這種方法嗎？還是有其他方法？那其他的反鑑識又是甚麼？」KUSO 聽了覺得很有興趣。

「方法當然很多種，其中還有一種是利用硬碟中的未配置空間及檔案殘存空間，利用 "slacker" 和 "bmap" 將檔案藏入殘存空間中。其他的反鑑識手法如資料破壞就是利用 eraser、srm(針對 UNIX)、sdelete 等抹除工具，其針對檔案有不同程度覆寫方式，徹底將檔案資料破壞，讓檔案資料被還原救回的機會將大幅降底。」秋風接著說。

「資料加密相信大家都知道，基本上使用加密工具做資料保護是常見方式，唯有持有解密金鑰的人才能解開加密檔案。資料經過加密，對鑑識人員來說也是項挑戰，鑑識人員必須瞭解加密演算法及加密的方式，找出可能的破密方式，此過程將耗費鑑識人員大量時間精力，但並不一定能達到解密目的。」秋風就滔滔不絕的繼續說道。

「沒想到有那麼多種方法，其實我最有興趣知道的是你還沒講的鑑識流程攻擊，看字面上意思大致上了解，不過實際上是怎麼樣呢？」柯小齊好奇的問著秋風。

「哈哈，鑑識流程攻擊確實跟我們一般所知的數位鑑識流程有關，你可專心啊！」「攻擊者根據每個流程進行反制手法，例如針對事件辨別就隱藏數位證據彼此間的關係，使鑑識人員不易從分散的數位證據中

找出可能的關聯性，針對保存證據就破壞證物鏈（Chain of Custody）的管理或是利用數位證據的脆弱性質疑數位證據在鑑識過程的完整性。」秋風用著輕鬆的語氣對著柯小齊說道。

「犯罪者真的越來越厲害，那看來我們要重新檢驗上次鑑識萃取的資料，看看那些圖片是否有進行資訊隱藏的動作了。」KUSO 聽完秋風的分析說著。

「沒錯，所謂道高一尺、魔高一丈，不過究竟是我們比較專業還是他們道行比較高呢，這一點就讓我們合作找出證據證明我們的專業性吧！」秋風鼓勵著大家一起合作找出線索。

「秋風，那可能你要親自傳授我們相關的功力了，否則單靠我們摸索可能沒有辦法啦！」KUSO 帶著玩笑的表情說著。

「這是一定要的，我先說說以偽裝學為基礎設計的程式，它所支援的掩護體格式，即是用來隱藏資料檔案，包括："JPEG"、"BMP"、"AV" 等，實驗之掩護體檔案以"jpg" 圖片檔為主；常見工具有"netstego"、"steghide"、"stegsecret"、"stegdetect"…等。我們就來試試看各個工具吧！」

「小傑妳跟張 sir 說，叫他多問一下那個嫌犯看有沒有更多線索。」

「柯小齊你帶著 KUSO 再看看他們手機簡訊裡面是否有一些暗語

或者密碼。」

「我帶著凱斯負責再重新檢查一次電腦鑑識結果。」秋風開始指揮整個專案行動。

「遵命！我去去就回！」KUSO 爽快的答應。

Eagle Eyes 看這個詐騙集團有所行動也全體行動起來，努力的找尋有無相關證據，在大家的一同努力下秋風發現 KUSO 跟凱斯鑑識的兩台電腦裡都有 "steghide" 這個程式。秋風再次要求大家集合並且開始詢問每個人的進度。

「嫌犯認為警方及我們找不到證據，所以甚麼話都不說。」小傑失望的回答。

「沒關係，這是想的到的結果，柯小齊那邊呢？」秋風繼續詢問其他人的進度。

「我這邊依然是沒有甚麼新線索，不過兩個案件的疑犯手機裡都有一封簡訊有相同數字內容，為 3778，不知道這是不是一些線索。」柯小齊回答。

「嗯！很好。至少有一些進展，我跟凱斯這邊也有進展，我們找到一個資訊隱藏的程式，也找到同一張圖片，而且這個程式有加密的功能，看來對方確實是使用資訊隱藏的程式還使用了資料加密的方法。我

先來為大家介紹一下這個軟體怎麼使用。」秋風面帶微笑的說。

「首先呢，進入 DOS 模式，並且執行機密資料嵌入指令："─embed"，在輸入保護密碼。」秋風一步接著一步操作。

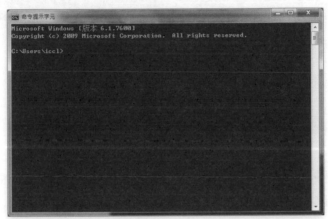

命令提示字元

機密資料嵌入

```
C:\Users\Kice\Desktop\steghide>steghide embed -cf banner.jpg -ef 20140607.docx
Enter passphrase:
```

輸入保護密碼

```
C:\Users\Kice\Desktop\steghide>steghide embed -cf banner.jpg -ef 20140607.docx
Enter passphrase:
Re-Enter passphrase:
embedding "20140607.docx" in "banner.jpg"... done
```

嵌入完成

「剛剛的 WORD 檔真的不見了，是存在那張圖片裡面嗎？所以我們可以針對這兩台電腦裡的圖片進行機密資料取出的動作囉？」凱斯興奮的說。

「是啊！ WORD 被嵌入到圖片當中，接下來我們就針對相同的圖片來進行看看取出的動作。」秋風邊說邊操作。

秋風開始針對圖片進行指令，看看是否有藏有機密資訊，首先利用程式執行機密資料取出指令"－extract"。

```
系統管理員: C:\Windows\system32\cmd.exe - steghide extract -sf banner.jpg -xf 20140607.d...

C:\Users\Kice\Desktop\steghide>steghide embed -cf banner.jpg -ef 20140607.docx
Enter passphrase:
Re-Enter passphrase:
embedding "20140607.docx" in "banner.jpg"... done

C:\Users\Kice\Desktop\steghide>steghide extract -sf banner.jpg -xf 20140607.docx

Enter passphrase:
```

機密資料取出

「看來對方確實有加密，他提示要輸入密碼，我們就試試看柯小齊找到的線索是不是真的是正解吧！」秋風說完便輸入密碼。

輸入密碼取得機密資料

「成功了！裡面真的有一份 WORD 檔！另外還有一個相同的圖片裡面也有一份 EXCEL 檔。」秋風此話一出大家都開心的歡呼，WORD檔內是一份集團成員名冊，而 EXCEL 檔則是相關的入帳資訊以及受害人的資料、金額等。

WORD 檔內容

　　收集到這些證據，Eagle Eyes 馬上跟張 sir 聯絡，與警方配合傳喚名冊上面的人並且進行偵訊的動作，就在凱斯與秋風在門口與張 sir 談話時，看到小印也從警車上被警方帶下來，小印的眼神看到凱斯與秋風先是驚訝，再來是惡狠狠的瞪著凱斯。

　　「沒想到我第一次用 FACEBOOK 想要騙取點數卡是被你們發現，那時候還在慶幸監視器壞掉，現在好不容易成為公司裡面的經理也是被你們找到證據，這次卻逃不掉了，你們到底是甚麼人啊！」小印瞪著凱斯說。

　　「我們嗎？我是 Eagle Eyes 數位徵信社的負責人，我們培養了一群數位偵探，所以有任何的數位證據都別想逃過我們的法眼。」「哈囉，不做壞事，何來現在的心情呢！」秋風自然地回應著小印的眼神。

　　數位徵信社與警方合作破獲了大規模的詐騙集團，雖然首腦尚不在名單內，但也成功的減少受詐騙集團所害之人，並上了新聞媒體頭版。越來越多人知道數位徵信社的存在，也讓 Eagle Eyes 名聲大噪。凱斯很開心能夠在一開始的時候與秋風重逢，這一年來也帶著好友 KUSO 認識了秋風及秋風的助手小傑和柯小齊。想起他與 KUSO 從甚麼都不懂，到目前多少能夠解釋並簡單的操作數位鑑識，實在是收穫豐富。聲名大噪的 Eagle Eyes 案件也越來越多，也因此凱斯辭了原本的工作正式加入 Eagle Eyes，也讓柯小齊和小傑手上滿滿的工作裡能有一個具潛力的新助手。

筆記欄

第十章

影像中的
數字奧秘

「叩！叩！叩！秋風你在忙嗎？有你的電話哦！有位自稱是刑事局國際科的人說要找徵信社的負責人。」小傑邊敲門邊在門外呼喊著。

「刑事局的人來電？怎麼最近這種詐騙電話那麼多！跟他說我沒空，不用浪費力氣要搞什麼監管帳戶之類的，帳戶裡沒錢可以騙，不然就要打 165 檢舉了。」正在因為案件量太多處理不完的秋風用著不耐煩的口氣回應道。

「可是那位說是安刑警介紹的，說是有案子要請我們協助。」小傑略為提高了音調說道。

「安刑警介紹的！怎麼不早說呢？我馬上接聽。」

聽到小傑的話，秋風像是觸電一般從椅子上彈起，開了門，快步到了電話前，將話筒從小傑手中接下。

「您好！我是 Eagle Eyes 數位徵信社負責人秋風，聽說是安刑警介紹的，安刑警最近好嗎？是又遇上什麼麻煩了嗎？」秋風用著急切地口氣問道。

在一旁的小傑，看著秋風態度的轉變，若有深意的露出一抹微笑，或許是察覺小傑的表情，秋風苦笑了一下，揮了揮手，示意小傑回去工作。

「您就是那位數位偵探秋風先生嗎？我是刑事局國際刑警科科長，

敝姓黃，安刑警前幾天去美國出差了，目前不在國內，會打這通電話的原因，是因為最近國際刑警總部請求我國協助偵辦一件跨國犯罪案件，在破譯幾封關鍵情資時陷入了瓶頸，正好想起安刑警在出國前曾向我推薦過秋風先生，不知秋風先生是否能提供協助？」黃科長說道。

「既然是安刑警推薦的，我當然義不容辭，不知黃科長需要我如何協助？」秋風說道。

「由於案件有些複雜且事涉偵辦的機密，麻煩秋風先生到局裡一趟，我們再詳談。」黃科長回應道。

「好的，我先做些準備工作，大約兩小時後會到。」

語畢，秋風掛上電話，將目光投射向助手小傑。

「小傑，你去準備一下現場電腦鑑識工具箱，待會跟我一同去刑事局辦案。」秋風說道。

交代完小傑後，秋風回到辦公室整理文件，約莫二十分鐘後，提著工具箱的小傑回到秋風的辦公室。

「請問來接我們的車子幾點到？」小傑問道。

「這次沒國際級待遇，我們搭捷運去，捷運可是台北的驕傲，既省時又方便，而且刑事局離捷運站也非常近。」秋風微笑著說道。

「還真想坐一次『黑頭車』看看！」小傑嘴裡嘀咕著。

「別抱怨了。噢！對了，待會先傳個訊息給柯小齊，請他工作結束後先回辦公室，我不想讓徵信社空著太久。」秋風一邊說一邊四處張望著看看還遺漏些什麼。

「遵命，秋風大老闆！」小傑帶著揶揄的口吻回應道。

台北捷運果然是個快速便利的交通工具，半小時後，秋風一行人已抵達刑事局大樓的門口，秋風向門口值班的員警說明來意後，值班員警撥了通報的電話，不到兩分鐘的時間，一旁的電梯口走出一名身著淺色襯衫的男子，向秋風一行人走來。

「您就是大名鼎鼎的秋風先生嗎？真是百聞不如一見，旁邊這位看來十分幹練的女性是…？」男子推了推看來十分厚重的粗框眼鏡問道。

「您好，我是小傑，是秋風的助手。」小傑微笑著回應道。

「幸會！忘了自我介紹，敝姓張，目前在科技研發科擔任偵查正，這次負責支援國際科的案子，黃科長已經在會議室等候多時了，請跟我來。」

跟隨著張偵查正的腳步，秋風一行人來到位於八樓的會議室，張偵查正敲了敲門，門裡頭傳來一陣宏亮的聲音。

「請進！」黃科長說道。

「科長，這是秋風先生和他的助手小傑。」張偵查正領著秋風和小傑進入會議室並介紹道。

進入會議室的秋風，觀察了一下周遭的情況，在會議室中共坐了四名男子，此時，位於中央的男子起身向秋風走來。

「久仰！上次和安刑警閒聊時談起秋風先生如何智破國際駭客案令人印象深刻，沒想到這次有機會見到本人。」黃科長微笑著與秋風握手寒暄。

「黃科長，您就別太客氣了，這位是我的助手小傑，接到您的電話，我可是不敢怠慢，馬上把所有看家法寶都帶來，希望能幫上點忙。」秋風拍了拍小傑手上的工具箱說道。

「那我先感謝秋風先生的鼎力相助，在我開始說明案情之前，還請兩位簽署這份保密切結書，先聲明之不是懷疑兩位會洩密，是程序規定必須如此。」黃科長一邊說明一邊將一份文件遞給秋風。

「守法是國民應盡的義務，既然接下這份工作，當然一切依規定辦理。」

語畢，秋風和小傑在文件上簽名後，交予黃科長。

　　「感謝秋風先生的配合，接下來就進行案件內容的研討會議，這次
的案件是由國際科主責並邀集經濟科、資訊科及研發科共組專案小組進
行偵辦，先請經濟科的瑪偵查正進行案情報告。」

　　黃科長邀請秋風及小傑至身旁的空位坐下，並示意一旁的瑪偵查正
進行簡報。

　　「感謝科長給我這個機會打頭陣，那麼我就開始說明案情，事實
上，案件起源於十天前局裡接到一封來自艾格蒙聯盟[1]的來信，我將原
始信件的內容開啟給大家看。」瑪偵查正說道。

　　瑪偵查正點擊著滑鼠，開啟了一封屬名 "The Egmont Group" 的
電子郵件檔，只見投影螢幕顯示著以下的信件內容：

Mr. Hu Mu-Yuan
Commissioner for Criminal Investigation Bureau
Taiwan

Dear Commissioner:
　　*We received the funding abnormal flow of information
recently. A few deals came from some bank accounts in your
country. See details in the attached file.*

1　艾格蒙聯盟：於 1995 年成立，為一非正式組織，由各國金融情報單位 (Financial
　　Intelligence Units, FIU) 組成。目標為各國監督機構提供管道，加強所屬國家反洗錢
　　活動工作的支援。目前共有 117 個國家和地區的 FIU 加入，台灣亦是會員國之一，
　　是少數以「台灣」名義加入的國際組織。

Faithfully yours

Murray Michell
Mr. Murray Michell, The Chair of the Egmont Group

「由於本局長期與艾格蒙聯盟保持著有關國際經濟犯罪的情報交流關係，但我國對於國際資金流動屬於管制較為嚴格的國家，因此，鮮少有類似的案件發生，然而這封由聯盟主席直接寄給局長的信件內容卻顯得十分異常。」瑪偵查正分析道。

「看來關鍵在附件的內容。」秋風說道。

「秋風先生果然是名偵探，馬上看出事件的重點，我們本來懷疑這會不會是一封釣魚信件，但進一步向艾格蒙的聯絡人確認後，證實了信件的真實性，現在我開啓附件內容給大家看看。」

瑪偵查正開啓了一個名稱爲 "Account Files" 的 Excel 檔案，投影螢幕上出現以下的畫面：

Account Files.xlsx

　　「在附件中，紀錄著數筆各約幾十萬美金匯入國內幾家銀行的帳戶資訊，經過進一步相金融監理單位查詢，發現來源十分一致，因此，我們懷疑這可能與犯罪行為相關，正巧上週 ICPO 提供了一份情資顯示亞洲近期將有大規模的毒品交易活動進行，其幕後主使者極可能是國際知名魏姓毒梟，我們想知道這兩者間是否有關係，由於情資內容涉及資料處理的部分，現在已交由研發科進行解讀，接下來就請研發科張偵查正說明。」

　　瑪偵查正報告完後回到座位上，接續由張偵查正進行報告。

　　「大家好，那麼我就開始說明從 ICPO[2] 來的情資，內容是兩則包含附件的電子郵件，我將相關的內容展示給大家看。」張偵查正說道。

　　張偵查正將情資內容分別開啓顯示於投影螢幕上：

第一則

寄件人：(ICPO 指基於保護情報來源為由未給予)

寄件日期：07/03/2014

主旨：棋譜

附檔：Go.bmp ; RaceResult.txt

內文：

　　前天那場比賽真激烈，

　　我想第 164 手是勝負的關鍵。

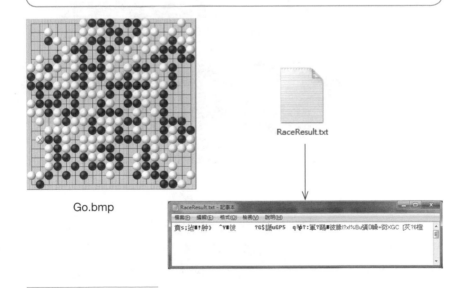

Go.bmp

RaceResult.txt

第二則

寄件人：(ICPO 指與第一則同一人同一時間點隔日所發出)

寄件日期：07/04/2014

主旨：海岸遊記

附檔：Sea.bmp

內文：

　　昨天在海角的一隅，你和我分享一則關於 1997 年在海上發出的一聲吶喊真是有趣，下次再一同出遊吧。

Sea.bmp

　　「根據 ICPO 進行的偵查結果，這兩則訊息據信是由魏姓毒梟的親信電子信箱所截獲，應是與毒品交易案相關，ICPO 希望我們也能協助偵辦，提供相關的線索。」張偵查正解釋著 ICPO 提供情資的緣由。

「既然是國際上的大案子，我們當然不能丟臉，應該好好展現一下我國的科技辦案能力，秋風先生您說是吧！」黃科長微笑著對秋風說道。

「這是當然！看完這兩則訊息，我有點頭緒了，這應該是與某種資訊隱藏[3]手法有關，特別是這個亂碼的文字檔 "RaceResult.txt" 看來十分可疑。」秋風回應道。

「我們也和秋風先生抱持相同的看法，覺得 "RaceResult.txt" 可能是案件關鍵，於是嘗試了一些已知工具的破解，但目前並無所獲。」張偵查正接著說道。

「我可能需要一點時間思考，方便讓我將資料帶回去徵信社研究嗎？」秋風問道。

「當然沒問題，秋風先生願意幫忙，我們求之不得，不過還請注意保密的工作。」黃科長說道。

「放心吧！賣身契都簽了，我會小心處理這些資料的。」秋風微笑著說道。

---

3 資訊隱藏：指將較為敏感和重要的資料藏於無害的溝通訊息中的一種方法，是能讓資料維持其機密性最基本的方法之一。一般來說，最原始想要傳遞的訊息會先由加密程序，之後再把加密後的資訊藏匿於掩體中，例如文件、圖檔、資料夾。而掩體會讓一般人看不出其中藏匿有額外資訊的跡象，惟有透過等殊的萃取和解密方法，收件人才能了解文件當中想表達的真正含意。

　　聽了秋風的話，黃科長苦笑了一下，而此時身旁的小傑從工具箱中拿出一個全新未拆封的隨身碟從張偵查正的手中取得了一份情資的複本。

　　「今天的會議就到此結束，感謝秋風先生撥冗參與，各專案成員請持續追蹤案件發展。」黃科長宣布道。

　　「秋風先生，我正好要到您的徵信社附近辦點事，要不要搭個便車？」張偵查正說道。

　　「感謝您的好意，我想我還是…。」秋風有點猶豫的說道。

　　想循原路回徵信社的秋風，忽然感覺後方被東西頂了一下，回頭一看小傑正抱著工具箱，兩眼盯著秋風。

　　「還是接受您的好意順道回徵信社，麻煩您了。」順著小傑的眼神秋風接著說道。

　　「那我先去開車，請兩位先到一樓大門口稍等。」張偵查正回應道。

　　回到徵信社的的秋風，找了柯小齊商討著接下來如何分工合作。

　　「為了節省時間，我們就同時進行這兩則訊息的分析，有關第二則我已經有些想法，就由我來負責，至於第二則訊息，我記得小傑之前好

像還蠻迷一部圍棋卡通的，就交給妳負責吧，至於柯小齊這兩天徵信社的工作就麻煩你囉！」秋風說道。

「謹遵指示辦理！」小傑和柯小齊異口同聲的說道。

兩天後的上午，秋風和小傑研討著這段時間對於帶回來的兩則訊息的分析結果。

「經過我搜尋了這一個月內所有在各地舉行的圍棋比賽，發現這個"Go.bmp"其實是在日本舉行的一場公開賽的棋譜，而這場比賽最終結果是白子以兩目半獲勝，而訊息中提到"第164手"由於棋譜中都有記載落子順序，因此，我嘗試還原棋局至第164手的棋面，目前這些資訊不曉得對案件的意義為何？」小傑一邊說明一邊操作著電腦，將相關資訊顯示給秋風。

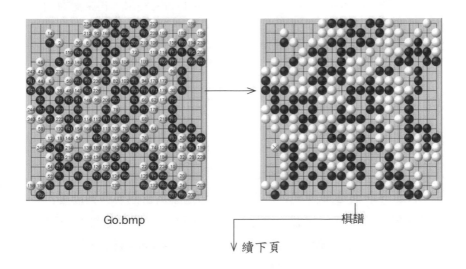

Go.bmp

棋譜

↓ 續下頁

↓ 承上頁

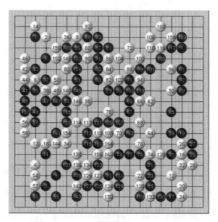

棋譜
（還原至第 164 手）

「白子兩目半獲勝？落子順序？第 164 手的棋面？看來這其中可能具有某種特殊的數字意義，我先說明我這兒的研究結果，再來看看兩者間的關連。」

秋風拿出隨身用的 iPad，開始說明著有關第二則訊息的研究發現。

「一開始，我看現訊息中提到『1997 年在海上發出的一聲吶喊』覺得似曾相識，仔細想想原來這是一則與密碼學有關的故事，在 1997 年，法國海軍決定停用摩斯密碼，當時透過摩斯密碼傳送的最後一條訊息就是：『所有人注意，這是我們在永遠沉寂之前最後的一聲吶喊！』，另外，我針對 "Sea.bmp" 使用了一些資訊隱藏分析工具，發

現在影像的左下角有些異常，觀察影像正好就是訊息中描述的"海角的
一隅"。」秋風指出影像中異常的區塊說道。

Sea.bmp（異常區塊）

「目前我們掌握了棋譜的資訊、影像的異常和摩斯密碼，這些資訊
極可能就是解開最後亂碼檔的關鍵。」小傑將獲得的資訊稍作整理後說
道。

聽了小傑的話後，秋風陷入了沉思，約十多分鐘後，秋風像是恍然
大悟般，開始滑動著手中的 iPad。

「一張數位影像是由許多個像素點所組成，而每個像素點包含著座
標資訊和像素值，這與圍棋棋盤是由 19 條橫線和 19 條豎線所形成的空
間矩陣類似，如果我們將圍棋棋盤定位在影像的左下角當作座標指示，

再依照白子的落子順序取出對應的像素值，似乎可以得到一些訊息。」
秋風除了口頭說明也將過程操作給小傑看。

　　「由於 "Sea.bmp" 是 24btis 的 "bmp" 影像格式，每個像素值
包含了 RGB[4] 三種色彩空間資訊。因此，如果以第 164 手爲例，對照棋
譜的座標 (9,6) 那麼我們就可以取得 (83, 93, 106) 這組像素資訊。另
外，因爲每種色彩空間的值介於 0 到 255 之間用來表示該色彩的深淺，
當三種色彩值都爲 255 時，影像呈現白色，而這張棋譜又特別選了白
子獲勝的結果，故我大膽推測這可能是要我們從三種色彩中選取最接近
255 的值。」秋風仔細地解釋道。

自原圖左下角截取
24x24 像素的部分影像

4　RGB：指光的三原色分別是紅色 (Red)、綠色 (Green) 和藍色 (Blue)。

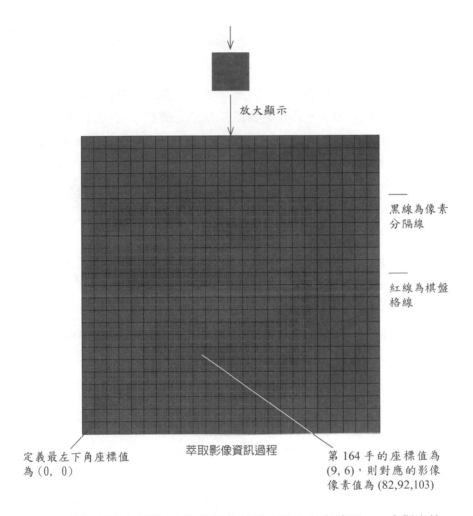

放大顯示

黑線為像素
分隔線

紅線為棋盤
格線

定義最左下角座標值
為（0，0）

萃取影像資訊過程

第 164 手的座標值為
(9, 6)，則對應的影像
像素值為 (82,92,103)

「那麼這個以"兩目半"獲勝的結果應該也有意義吧！」小傑突然
靈光乍現地問道。

「沒想到妳一下就點出了解密的關鍵，剛才我也思考了許久這其
中的關連，但是當我發現在解密的過程中，使用了許多影像處理技巧

後，我想起了一種常用在影像資訊隱藏的方法叫 LSB[5]，它是基於人眼不易察覺影像細微變化的特性，將像素值先轉換成二進位後，將資訊藏入低位元的手法。舉例來說，如果有個像素值是 100，而其二進位表示爲 "1100100"，若我們要藏入的密文爲 1，則更改二進位值爲 "1100101" 再還原十進位值爲 101 後，更改原始影像的像素值爲 101 就完成了藏密的工作，而這個 "兩目半" 很可能是指示透過 LSB 方法藏入的密文長度爲最後兩個位元。」爲了讓小傑理解，秋風特地舉了簡單的例子說道。

「看來我們已經解讀出了大部分的訊息，那麼下一步我們要做什麼呢？」小傑問道。

「一個一個像素去解讀太麻煩了，我想根據前面提出的邏輯來設計個小程式，將相關資訊自動萃取出來」。

說完，秋風拿出了一台筆電，十指在鍵盤飛舞著，不到一刻鐘的時間，程式已設計完成，秋風將影像及棋譜資訊輸入程式，約莫三秒鐘後，程式輸出了以下的結果：

```
00 11 01 11 01 00 00 00 10 11 10 00 00 00 00 10 00 10
11 00 11 01 00 01 11 00 11 11 10 00 00 01 00 00 00 10
00 11 11 01 11 01 00 00 11 01 11 11 11 00 00 10 11 11
00 00 10 11 11 10 11 00 00 11 01 00 00 11 01 00 00
00 00 11 10 00 00 11 11 11
```

---

5 LSB：指置換最低位元法 (Least Significant Bit)，常用於空間域的影像資訊隱藏方法。

「這些看起來像是一堆無意義的數字，我們的解密邏輯真的正確嗎？」小傑問道。

「別急，妳忘了前面有提到的"摩斯密碼"一直都還沒出場嗎？」秋風微笑著說道。

「所以這些跟摩斯密碼有關？」小傑疑惑地看著秋風問道。

「我還沒十足的把握，不過妳先拿我的 iPad 復習一下摩斯密碼的知識，說不定等會兒會用到。」

秋風將 iPad 交給小傑後，小傑打開了與摩斯密碼相關的資料，內容寫著：

摩斯密碼

一、簡介

摩斯密碼 (Morse Code) 是一種透過訊號斷續長短來表達不同代碼的數位化通訊形式，透過標準化的訊號排列形式來表達不同的英文字母、數字和標點符號。由美國人 Samuel Morse 於 1836 年所發明，並做為海事通訊的國際標準，直至 1999 年才停用。

二、原理

與現在使用 0 和 1 兩種狀態的二進制代碼不同，摩斯密碼的代碼包括以下五種：

1. 點 (·)

2. 劃 (-)

3. 每個字元 (點和劃) 間短的停頓

4. 每個詞之間中等的停頓

5. 每個句子間較長的停頓。

由於實際表示摩斯密碼時，只有點和劃兩種符號來表示字元，而點的長度決定了發報的速度，並且做為時間參考的依據，而劃是由三個點的長度所組成，點劃之間為一個點的長度；字元之間為三個點的長度；單詞之間為七個點的長度，以下為字母及數字的代碼對照表：

字母											
字元	代碼	字元	代碼	字元	代碼	字元	代碼	字元	代碼	字元	代碼
A	·-	B	-···	C	-·-·	D	-··	E	·	F	··-·
G	--·	H	····	I	··	J	·---	K	-·-	L	·-··
M	--	N	-·	O	---	P	·--·	Q	--·-	R	·-·
S	···	T	-	U	··-	V	···-	W	·--	X	-··-
Y	-·--	Z	--··								

數字							
字元	代碼	字元	代碼	字元	代碼	字元	代碼
1	·----	2	··---	3	···--	4	····-
5	·····	6	-····	7	--···	8	---··
9	----·	0	-----				

　　「以前常聽到"摩斯密碼"出現在電影中，讀完了資料才知道原來摩斯密碼有近百年的歷史，也對原理有更深一層的認識。」小傑感到滿足地說道。

　　「趁著妳在讀資料的時間我嘗試使用頻率分析法6，這串數字果然具有摩斯密碼的特性，根據分析的結果，如果將"00"和"11"分別替換成"點"和"劃"，而"10"和"01"當做間隔的空白的話，可以取得一段標準的摩斯電碼，我畫給妳看。」

　　秋風拿了張白紙，依照分析出的代碼轉換方法，畫下了一段摩斯電碼：

　　「.- . ... _ .... . _.- . _.-. .. ... .-- _ .._ ---.. __... --
　　_.._ .._ ....- .----」

　　「根據摩斯密碼代碼轉換的結果是"AESTHEKEYISWTU87MXU42"，這個"AES7"不就是目前最流行的對稱式金鑰加密法，後頭還接著金鑰的資訊，這該不會就是用來解開"RaceResult.txt"亂碼檔的關鍵！」小傑興奮地大叫。

6　頻率分析法：在密碼分析的方法中，頻率分析法是利用統計學破解傳統密碼的基本方法，特別是對於替代式加密法 (Substitution Cipher) 的古典密碼，可以有效找出明密文之間的配對關係 。

7　AES：進階加密標準 (Advanced Encryption Standard) 又稱為 Rijadael 加密法，是一種採用區塊加密的對稱式金鑰加密法，為美國國家標準與技術研究院 (NIST) 所認可的加密標準演算法。

「我來用這串金鑰解密看看。」秋風說道。

秋風利用了鑑識平台的解密工具，將亂碼檔和金鑰"WTU87MXU42"輸入，只見輸出的文件檔呈現以下的資訊：

解密後的 RaceResult.txt

「這個內容和艾格蒙聯盟寄來的帳戶資訊一模一樣，這樣幾乎可以確定兩者具有直接的關係，我們快把結果通知刑事局。」小傑急切地說道。

正當秋風起身準備要去電刑事局告知案件有重大發現時，Eagle Eyes 的大門的門鈴響起鈴聲。

「Eagle Eyes 數位徵信社您好，請問那裡找？」小傑本能地拿起對講機說道。

「我是刑事局張偵查正，請問秋風先生在嗎？」對講機另一頭傳來

回應。

「張偵查正嗎？我們正好也有事要找您，快請進吧！」小傑打開門邀請著張偵查正進入，並且通知秋風張偵查正來訪的消息。

「真是擇日不如撞日，才準備要通知張偵查正，上次的情資我們已經破解了，沒想到您竟然主動到訪。」秋風有點驚訝地說道。

「真的嗎？上次的情資已經破解了？快把結果告訴我！」張偵查正睜大眼睛說道。

秋風將破解情資的過程一五一十的解釋給張偵查正聽，而張偵查正也追問了一些過程的細節，當看到亂數檔被正確解密的瞬間，張偵查正忍不住拍手叫好。

「這下子，國際刑警組織應該對我國的科技調查能力要刮目相看了，這證實了當初專案小組偵辦的方向是正確的，不過，今天我來這兒還有別的目的。昨天晚上 ICPO 又傳來了第三則情資，科長交代我要盡快拿來給秋風先生，看看對案情有什麼幫助。」張偵查正說道。

語畢，張偵查正開啟了隨身工作用的筆電，並開啟口中所說的第三則情資，只見螢幕上呈現以下的訊息：

第三則

寄件人：（只確定與前兩則不同人）

寄件日期：07/05/2014

主旨：夢中情人

附檔：Elaine.bmp

內文：

　　今天我夢見了個女孩，

　　在夢裡她那最深邃的雙眸注視著東方相疊的兩座山峰，

　　北斗七星與牛郎織女星滌去塵埃的光芒加倍照亮她的雙頰，

　　七天後等待著四號來臨的那天，

　　我將乘風破浪找尋她的存在。

Elaine.bmp

看見第三則訊息，秋風又陷入了沉思，盯著螢幕時不時口中喃喃自語，為了怕打擾秋風思考，張偵查正抓緊時間到一旁回報有關前兩則情資的解讀結果，而小傑還在一旁用手指模仿著摩斯密碼發電報的遊戲，約莫十分鐘後，秋風呼喚了張偵查正。

「張偵查正我有個想法，需要你來幫忙驗證一下！」秋風像是恍然大悟般說道。

「要怎麼驗證呢？」張偵查正說道。

「根據在分析前兩則訊息的經驗看來，這些訊息都活用了許多資訊隱藏的手法，因此，我覺得在第三則訊息中，這些描述場景十分優雅的文字，實際上，應該暗藏著文字密碼學的內容，麻煩你照著我的指示，把內文中可能與數字和邏輯有關的關鍵字標注一下。」秋風指著螢幕上的訊息說道。

張偵查正依照著秋風的指示將內文做了標注，得出了以下的結果：

今天我夢見了個女孩，
在夢裡她那最深邃的雙眸注視著東方相疊的兩座山峰，
北斗七星與牛郎織女星濾去塵埃的光芒加倍照亮她的雙頰，
七天後等待著四號來臨的那天，
我將乘風破浪找尋她的存在。

　　「在內文中，"女孩"應該就是指附檔的影像，而後面描述"最深邃的雙眸"如果從影像的格式來看，"Elaine.bmp"是一張只有深淺的灰階影像，我來試試看找出在眼睛區塊內，像素值最接近 0 也就是最深的像素位置如何？」張偵查正分析道。

　　「從前兩則情資，訊息都與影像像素值和座標值有關這點來看，你的方向是正確的，值得一試。」秋風點頭稱道。

　　得到秋風的肯定，張偵查正利用了影像處理軟體，從女子的灰階影像中，找出了兩眼內最深的像素位置，得到了兩組座標值分別是 (56, 54) 和 (72, 49)。

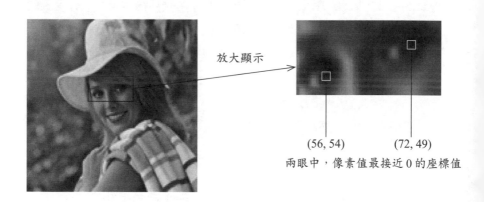

放大顯示

(56, 54)　　　(72, 49)
兩眼中，像素值最接近 0 的座標值

　　「一般在國際毒品交易的案件中，當交易資金匯出後，下一步就是約定交易地點，我想這兩組座標值應該就是與交易地點的經緯度有關，以這次頭號目標魏姓毒梟最常在亞洲地區活動來看，應該就是亞洲所在的東經和北緯，這與訊息中所述的"東方"和"北斗"不謀而合。另

外，這封訊息寄出的時間是七月五日，並不是倒數第二句所說的"七天後等待著四號來臨的那天"的日期，所以"四號"並不是指日期，正好就是一級毒品海洛因的別名，所以交易日期是從七月五日後七天進行。」張偵查正根據過去辦案的經驗法則進一步推論道。

「那麼剩下的訊息還有"相疊"、"兩座"、"七星與牛郎織女星"、"滌去"和"加倍"等關鍵字，把這些文字轉換的數字和運算邏輯的話可以得到"＋"、"2"、"7+2"、"÷"與"×2"，我們將這些符號和前面兩個座標值做排列組合，搭配 Google 的經緯度定位圖找看看有沒有什麼發現，小傑你也一起來幫忙！」秋風說道。

接著，三人發揮了分工合作的精神，由秋風和張偵查正排列組合出各種可能的經緯度組合，再交由小傑驗證，大約試到了第 105 組時，小傑喊了一聲。

「等等，秋風，這組 (112, 54)、(16, 49) 你再驗算一下！」

聽到小傑的話，秋風找出了這組經緯度產生的過程：

$$(56, 54) \xrightarrow{\;56 + 56\,(56\,加\,2\,次)\;} (112, 54)$$

$$(72, 49) \xrightarrow{\;(72\,/\,(7+2))\times 2\;} (16, 49)$$

「這組邏輯完全用到所有的運算符號，有什麼問題嗎？」秋風問道。

「如果我把(112, 54)和(16, 49)轉成東經112°54´北緯16°49´正好是西沙群島中的西渡灘耶！」小傑像是發現新大陸興奮地說道。

秋風看了看小傑螢幕上顯示的Google地圖，並且再次確認西渡灘正確的經緯度，果然與運算出來的座標值完全一致，他轉頭望向張偵查正。

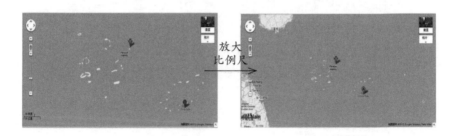

西沙群島座標對照表(部分)

「張偵查正，看來謎題已經全部揭曉了！」

「這真是太令人興奮的消息，秋風先生果然是名偵探，我要趕緊回局裡向專案小組和 ICPO 報告這些驚人的發現，讓他們安排接下來的緝捕行動，秋風先生、小傑小姐下次一定要讓我好好請你們吃頓飯，答謝你們的辛勞，那我先離開了！」

話剛說完，張偵查正收拾完個人的物品，再次向秋風表達了感謝之意，匆匆離開了徵信社。

「呵呵！這位警官的性子還真急，看來黃科長那邊給了不少的壓力。」秋風微笑道。

「是啊，我看如果 ICPO 靠這些情資，逮到那個國際大毒梟，你在安刑警心目中的形象又提升不少囉！」小傑意有所指的說道。

「別貧嘴了，看看時間都快喝下午茶了，忙了這麼久，該好好慰勞一下自己，柯小齊那小子又不知道跑哪去了，不過少個人就少筆開銷，待會就勞煩妳和我共進午餐吧！妳先去收拾東西，順便去掛上今日公休的牌子。」秋風說道。

「遵命，秋風大老闆！」小傑回應道。

這宗令 ICPO 感到棘手的跨國毒品交易案，就在台灣刑事局與 Eagle Eyes 徵信社的合作下，解讀出了包含：資金流向、交易時間、

地點及毒品種類等資訊送交 ICPO。收到訊息的 ICPO 聯合周邊國家海空夾擊下，國際大毒梟及其黨羽一干人等，均束手就縛，共計查獲海洛因磚及各式毒品，市價近數百億美元。

　　雖然這次報章媒體並沒有大肆的報導 Eagle Eyes 的協助，但在國際相關行業大家都傳開了 Eagle Eyes 的數位調查能力，也讓 Eagle Eyes 突然多了許多國際的電話與信件，秋風看著當初的兩、三個人，一個月可能不到一件案子的徵信社終於達到他夢想中的成果，也讓全世界的人重視到數位偵探的重要。這樣的成果讓他慶幸當初不論多困難都沒有放棄，也感謝陪在他身邊的柯小齊、小傑以及他第一個客戶兼好朋友凱斯還有凱斯的好朋友 KUSO。Eagle Eyes 並不會因為聲譽遠播而心滿意足，他們會向更難解的迷題挑戰，一直向前邁進！

博碩文化

博碩文化